QUE SAIS-JE ?

Le droit d'asile

ANICET LE PORS

Président de section
à la Cour nationale du droit d'asile

Quatrième édition mise à jour

9ᵉ mille

SIGLES ET ABRÉVIATIONS UTILISÉS

CESEDA	Code de l'entrée et du séjour des étrangers et du droit d'asile
CE, Ass., Sect.	Conseil d'État, Assemblée, Section du contentieux
CRR, SR	Commission des recours des réfugiés, sections réunies
CNDA, SR	Cour nationale du droit d'asile, sections réunies
OFPRA	Office français de protection des réfugiés et apatrides
CEDH	Cour européenne des droits de l'homme
CJCE	Cour de justice des communautés européennes
HCR	Haut-Commissariat des Nations Unies pour les réfugiés
UNRWA	*United Nations Relief and Works Agency* / Office de secours et de travaux des Nations Unies

ISBN 978-2-13-059011-8

Dépôt légal – 1re édition : 2005
4e édition mise à jour : 2011, mai

6, avenue Reille, 75014 Paris

INTRODUCTION

L'actualité pose en permanence, le plus souvent de façon dramatique, la question du droit d'asile : échouage d'embarcations de fortune sur les côtes de Méditerranée ou aux Canaries, manifestations de défense des sans-papiers, accueil de militants politiques menacés dans leur pays, renvoi de demandeurs déboutés. Le droit d'asile est également l'objet de grands textes juridiques nationaux et internationaux. Il justifie l'action du Haut-Commissariat des Nations Unies pour les réfugiés (HCR). Une politique et un véritable droit européens prennent forme sur le sujet. Depuis la Révolution française, de nombreuses constitutions de la France en ont retenu le principe.

Les raisons qui conduisent une personne à s'expatrier et à demander à un autre État une aide ou une protection qui ne lui sont plus assurées dans son pays d'origine ou de résidence habituelle sont extrêmement diverses. Il peut s'agir d'un désastre naturel, d'une épidémie ou d'une extrême misère de masse, mais aussi d'une situation de guerre civile ou bien de persécutions aux motifs variés exercées par des autorités publiques ou d'autres forces bafouant les droits de l'homme. À ces raisons peuvent se mêler des mobiles purement économiques ou des agissements délictuels. La distinction de ces différents facteurs – qui tous ne relèvent pas du droit d'asile – et l'évaluation de leur importance relative sont généralement délicates. Elles conduisent à un choix qui se situe entre deux positions extrêmes symétriquement inacceptables : d'une part, une réglementation excessivement sévère fondée sur la diabolisation de l'étranger ; d'autre part, une naïveté qui laisse le champ libre à l'action des mafias et à la stratégie des dictateurs.

Il n'est pas facile, d'ailleurs, de définir l'asile lui-même. Le mot vient du grec *asulon* qui nommait un temple ou un endroit sacré, de caractère religieux, inviolable. Son sens a ensuite évolué pour désigner un lieu où une personne pourchassée pour les motifs les plus divers pouvait trouver refuge et y recevoir aide et protection. Aujourd'hui, il est ou a été retenu sous différentes acceptions : asile constitutionnel, asile conventionnel, asile territorial, asile diplomatique, asile maritime, protection subsidiaire, protection temporaire qui ont fait ou font l'objet de réglementations précises.

Il convient d'en donner une représentation objective, de nature à écarter les grandes peurs parfois associées aux mouvements de populations étrangères. Selon le HCR, le droit d'asile concerne entre 10 et 12 millions de personnes dans le monde, effectifs stables au cours des dernières années, dont plus des trois quarts se situent en Asie et en Afrique, tandis que l'Europe n'en accueille qu'environ un sixième. De même, à l'inverse d'une autre idée reçue, la France ne compte sur son sol qu'un effectif de réfugiés du même ordre de grandeur que son poids démographique relatif dans le monde.

La politique d'entrée et de séjour des étrangers et celle du droit d'asile ont été régies par des textes distincts : d'une part, l'ordonnance n° 45-2658 du 2 novembre 1945 relative aux conditions d'entrée et de séjour des étrangers en France ; d'autre part, la loi n° 52-893 du 25 juillet 1952 portant création d'un Office français de protection des réfugiés et apatrides, devenue « relative au droit d'asile » par la loi n° 98-349 du 11 mai 1998.

Ces dispositions législatives et leurs décrets d'application ont fait l'objet de très nombreuses modifications, notamment par la loi nº 2003-1176 du 10 décembre 2003 (décret d'application nº 2004-814 du 14 août 2004) avant d'être codifiées. Le *Code de l'entrée et du séjour des étrangers et du droit d'asile (CESEDA)* est entré en vigueur le 1er mars 2005 ; il a lui-même été modifié à plusieurs reprises depuis. Sauf indication contraire, les articles cités se rapportent à ce code.

L'action d'organismes internationaux tels que le HCR, la référence commune à la convention de Genève et aux droits de l'homme, l'harmonisation des politiques d'immigration et d'asile des pays d'accueil, notamment dans le cadre de l'Union européenne, favorisent la convergence des politiques et renforcent les similitudes d'observations d'un pays à l'autre.

L'usage conduit fréquemment à confondre la notion de « demandeur d'asile » et de « personne sollicitant la reconnaissance de la qualité de réfugié ». L'asile ouvre le droit au séjour dans un autre État que celui dont relève le demandeur. La reconnaissance de la qualité de réfugié ou l'octroi d'un autre type de protection correspond à un statut juridique. Ce sont donc deux notions distinctes mais qui, dans la pratique, se recouvrent largement. La convention de Genève du 28 juillet 1951 est relative au statut des réfugiés tandis que le livre VII du CESEDA traite du droit d'asile. Une directive européenne relative à des normes minimales concernant la procédure d'octroi et de retrait du statut dans les États membres donne la définition suivante : « On entend par "demande" ou "demande d'asile" la demande introduite par un ressortissant d'un pays tiers ou un apatride et pouvant être considérée comme une demande de protection internationale de la part d'un État membre en vertu de la convention de Genève. Toute demande de protection est présumée être une demande d'asile, à moins que la personne concernée ne sollicite un autre type de protection pouvant faire l'objet d'une demande séparée. »

Une première partie analysera la conception du droit d'asile. On examinera les notions concernant son octroi dans une deuxième partie. La réalité de l'asile fera l'objet de la troisième partie.

PREMIÈRE PARTIE

LA CONCEPTION DE L'ASILE

Chapitre I

L'HISTOIRE DE L'ASILE

L'asile suppose un minimum de civilisation : « On ne doit pas refuser une demeure fixe à des étrangers qui, chassés de leur patrie, cherchent une retraite, pourvu qu'ils se soumettent au gouvernement établi, et qu'ils observent toutes les prescriptions nécessaires pour prévenir les séditions [...]. C'est le propre des Barbares de repousser les étrangers », écrit Grotius en 1625 dans *Droit de la guerre et de la paix* (livre II, chap. II, XVI).

I. – Les origines

1. **Les origines lointaines.** – Dans les derniers siècles avant notre ère, les Égyptiens pratiquent l'asile. C'est un privilège du souverain généralement accordé aux prêtres pour protéger leurs temples, mais qui bénéficie aussi aux alentours. Les Grecs, véritables fondateurs de l'asile, créent des lieux qui lui sont réservés, autant d'exceptions au contexte belliqueux de l'époque. Il s'agit d'une immunité accordée à des personnes,

coupables ou non, poursuivies par des ennemis. Les bénéficiaires doivent séjourner dans les lieux d'accueil, les temples essentiellement, mais progressivement au sein d'espaces plus vastes permettant un regroupement de personnes et d'activités susceptibles de favoriser le développement économique. La protection accordée est de caractère religieux, c'est l'appel aux dieux comme dernier recours. C'est aussi un instrument politique qui permet de discriminer les causes de persécution retenues et, le cas échéant, de violer l'asile accordé. Le droit romain est peu enclin à faire une place importante à l'asile en raison de la rigueur et de la perfection supposée de la loi qui doit assurer la sécurité de tous les citoyens. Les Hébreux associent l'asile à l'application de la loi du talion, qui permet à un proche de la victime d'un meurtre de tuer le meurtrier, mais seulement s'il sort de la ville de refuge dans laquelle il a été conduit au cas où son meurtre était involontaire.

Le principe de l'asile est affirmé dès les premiers temps de l'ère chrétienne. Dans un esprit de charité, il s'agit d'accorder protection à des personnes menacées de manière estimée injuste ou excessive. Après quelques tentatives de formalisation de ce droit d'exception par les autorités religieuses, celles-ci parviennent, au concile d'Orléans en 511, à une codification qui acquiert une certaine légitimité auprès des souverains, la transgression étant passible d'excommunication. Les lieux d'asile sont, à l'origine, circonscrits aux églises, mais ils s'étendent progressivement à des dépendances de plus en plus éloignées telles que porches, jardins, habitations d'évêques, augmentant d'autant le champ d'application de la juridiction religieuse. Des controverses incessantes entre autorités religieuses et autorités séculières portent sur le périmètre du droit d'asile, mais aussi sur la nature des bénéficiaires. Une remise en ordre est opérée par Gratien, en 1145, au faîte de l'influence de l'Église sur la société civile, qui correspond aussi à l'apogée des immunités constitutives de l'asile religieux. Leur importance apparaît alors excessive et sera progressivement réduite à l'initiative des autorités religieuses elles-mêmes. L'ordonnance de Villers-Cotterêts de François Ier en 1539 abolit l'asile en matière civile, et plusieurs papes excluront progressivement la plupart des catégories de bénéficiaires et, corrélativement, les sanctions pour violation d'immunités religieuses.

2. **Les origines récentes.** – L'Ancien Régime ne se signale pas par une propension à développer l'asile. Aucune réglementation particulière sur le sujet ne voit le jour. L'asile n'est le plus souvent que le geste d'un souverain vis-à-vis d'une personnalité étrangère qu'il souhaite accueillir : ainsi l'asile accordé par le roi de France au roi de Pologne Stanislas Leszczyçski. Certaines cités telles que La Rochelle ou Strasbourg se montreront plus accueillantes à l'égard de personnalités persécutées, mais ce sont les rivalités et les guerres de Religion qui constitueront l'élément déterminant des mouvements de populations guidées par leurs affinités religieuses. À cet égard, la France ne se fait pas remarquer par une attitude particulièrement favorable à l'accueil des étrangers en difficulté, la révocation de l'édit de Nantes en 1685 provoquant même une expatriation de masse de ressortissants nationaux.

L'article 2 de la Déclaration des droits de l'homme et du citoyen de 1789 fait figurer parmi les droits imprescriptibles de l'homme « la résistance à l'oppression ». La Constitution de 1793, qui fait de l'insurrection lorsque le gouvernement viole les droits du peuple « le plus sacré des droits et le plus indispensable des devoirs » (art. 35), affirme que « le peuple français est l'ami et l'allié naturel des peuples libres » (art. 118) ; « il donne asile aux étrangers bannis de leur patrie pour la cause de la liberté. Il le refuse aux tyrans » (art. 120). C'est donc à cette époque que l'on peut faire remonter la tradition de la France terre d'asile dans une acception moderne. On en trouve l'écho dans le 4e alinéa du Préambule de la Constitution de 1946, qui retient parmi les principes « particulièrement nécessaires à notre temps » que « tout homme persécuté en raison de son action en faveur de la liberté a droit d'asile sur les territoires de la République ». La Constitution de la Ve République confirme dans son Préambule l'attachement du peuple français aux droits de l'homme « tels qu'ils ont été définis par la Déclaration de 1789, confirmée et complétée par le Préambule de la Constitution de 1946 ».

Par application des principes posés par la Révolution française, la France se montrera plutôt accueillante au XIXe siècle et jusqu'à la Première Guerre mondiale. Son comportement tranche avec celui des monarchies absolues consacrées par le Congrès de Vienne en 1815 alors que se développe le mouvement constitutif des nationalités en Italie, en Grèce, en Espagne, en Pologne. Ces affirmations identitaires provoquent l'exil de personnalités telles que le musicien polonais Frédéric Chopin ou le poète allemand Heinrich Heine, qui trouvent en France des conditions de vie satisfaisantes et, à Paris, un cadre de vie intellectuelle stimulant. Le droit d'asile ne connaît aucune formalisation précise, il reste discrétionnaire et aléatoire, mais l'accueil est relativement libéral, la circulation des hommes demeurant aisée. La situation va changer au XXe siècle, que l'on a pu appeler le « siècle des réfugiés ».

II. – L'émergence d'une réglementation internationale

1. Les origines du système international. – Les deux grandes guerres vont mettre sur les routes des millions de personnes fuyant des persécutions en raison de leur opposition aux forces belligérantes ou de leur stigmatisation raciale. Les découpages consécutifs aux règlements de ces conflits vont conduire à la définition d'entités nationales provoquant, d'une part, des exacerbations nationalistes et, d'autre part, des persécutions visant les minorités enclavées dans ces États-nations. En dehors de l'Europe, l'existence des empires coloniaux puis leur effondrement vont avoir le même effet : création de nouveaux États indépendants à partir des possessions coloniales, mais en même temps résurgence d'affirmations identitaires de caractère religieux ou ethnique à l'origine de flux massifs d'émigration, souvent en direction des anciennes puissances coloniales. Enfin, ce siècle aura été aussi celui du nazisme et du stalinisme, qui, s'ils ne peuvent être analysés sur le même plan, ont généré des déplacements de populations considérables, tant dans leur phase de montée en puissance totalitaire que lors de leur effondrement.

Ces mouvements de populations ne peuvent guère être décrits de manière simple et cohérente, non plus que les dispositifs mis en place entre 1914 et la Seconde Guerre mondiale pour répondre aux problèmes posés par les différentes vagues de réfugiés accompagnant les conflits. Au début de la période, il s'agit principalement des Russes, qui fuient en grand nombre (environ 1 500 000 personnes) la révolution bolchevique de 1917 et la famine : Russes blancs, bourgeois, aristocrates, mencheviks. À la même époque se pose aussi la question des Arméniens qui fuient la Turquie (1 750 000) et des Assyro-Arméniens vers la Syrie et la Mésopotamie. Après la Première Guerre mondiale, des populations bulgares, grecques et turques font l'objet de redéploiements pour faire correspondre nationalités et territoires. L'accession de Mussolini au pouvoir en Italie en 1922 condamne à l'exil de nombreux Italiens. Puis c'est le sort des ressortissants de pays menacés par l'expansionnisme allemand : Sarrois, Tchèques, Autrichiens, Polonais. Enfin, de nouvelles vagues de réfugiés déferlent à l'approche de la Seconde Guerre mondiale : des Allemands et des Juifs en provenance d'Allemagne à partir de 1935, des Espagnols au moment de la guerre d'Espagne et après la victoire franquiste.

Ces afflux de réfugiés très divers quant à leurs origines et leurs destinations constituent des événements très nouveaux auxquels la Société des nations (SDN) au lendemain de la Première Guerre mondiale va tenter de réagir de façon pragmatique. Une personnalité norvégienne, le Dr Fridtjof Nansen, est nommée haut-commissaire de la Société pour traiter les problèmes des réfugiés russes en Europe. Il fait le lien entre les autorités soviétiques et la SDN qu'elles ne reconnaissent pas pour donner son nom en 1922 au « passeport Nansen », titre permettant d'identifier les Russes privés de nationalité par le nouveau pouvoir. Son action s'étend aussitôt aux réfugiés de la guerre entre la Grèce et la Turquie, puis aux Arméniens en 1924, aux Assyriens, Assyro-Chaldéens, Turcs et assimilés en 1928. Son successeur, l'Américain James Mac Donald, est nommé haut-commissaire indépendant aux réfugiés (Juifs et autres) d'Allemagne ; il échoue à convaincre la SDN d'intervenir plus directement dans ce pays après les lois de Nuremberg privant les Juifs de leur citoyenneté.

Toutefois, de nouvelles conventions ralliant un nombre variable de pays sont conclues en 1936 et 1938 en faveur des Allemands, des Juifs et apatrides fuyant le Reich, dispositions étendues ultérieurement aux Autrichiens puis aux Espagnols.

2. **La mise en place du système international.** – Les arrangements qui viennent d'être évoqués s'accompagnent de la création d'institutions internationales à l'existence particulièrement brève. Il s'agit tout d'abord du Haut-Commissariat des réfugiés de la SDN, créé en 1921 pour les réfugiés russes ; en 1931, d'un Office international Nansen qui fonctionne en étroite liaison avec le secrétariat de la SDN ; d'un nouveau Haut-Commissariat en 1938. Parallèlement, en 1938, une conférence intergouvernementale réunie à Évian à l'initiative des États-Unis donne naissance à un Comité intergouvernemental des réfugiés (CIR) chargé de protéger les victimes des régimes fascistes. Il se révèle vite inadapté face à l'ampleur des problèmes rencontrés. Aussi est créée, en 1943, l'Administration des Nations Unies pour les secours et la reconstruction (UNRRA) qui s'occupera plus particulièrement des prisonniers de guerre mais ne parviendra pas à résoudre la question des réfugiés. Le CIR et l'UNRRA sont supprimés en 1947.

Jusque-là, les dispositions retenues et les organismes mis sur pied reposaient sur l'idée que les problèmes à résoudre étaient la conséquence des conflits et qu'ils disparaîtraient avec leur règlement. Aussitôt après la fin de la Seconde Guerre mondiale, il apparaît au contraire que la question des réfugiés est susceptible de se poser de manière permanente et avec une grande ampleur. L'Assemblée générale des Nations Unies, dès sa première session tenue à Londres, vote à l'unanimité le 12 février 1946 une résolution qui fixe les principes devant guider une nouvelle institution : « 1/ Le problème des réfugiés a une portée et un caractère internationaux ; 2/ Aucun réfugié ni personne déplacée qui, en toute liberté, aura finalement et définitivement [...] fait valoir des raisons satisfaisantes pour ne pas rentrer dans son pays ne sera contraint de retourner dans son pays d'origine ; 3/ La principale tâche envers les personnes déplacées consiste à les encourager et à les aider de toutes les manières possibles à retourner rapidement dans leur pays d'origine ; 4/ En ce qui concerne les réfugiés et les personnes déplacées qui auraient fait valoir des raisons satisfaisantes pour rester en exil, leur avenir sera du ressort de l'organisme international qui pourrait être reconnu ou créé, sauf si le gouvernement où ils sont établis a conclu avec cet organisme un accord aux termes duquel il accepte de subvenir à tous les frais de leur entretien et de prendre la responsabilité de leur protection. »

Cet organisme est créé pour quatre ans en juillet 1947 : l'Organisation internationale des réfugiés (OIR) ; sa constitution est adoptée par 21 des 54 États membres des Nations Unies (l'URSS, la Biélorussie, l'Ukraine, la Pologne, la Yougoslavie s'y opposant). L'OIR assurera le rapatriement et la réinstallation d'environ 1 million de personnes. Elle présente l'intérêt d'avoir institué un système d'admission à la qualité de réfugié à deux degrés : un organisme administratif, en première instance ; un organisme de caractère juridictionnel, le Conseil des recours, en deuxième instance. L'article 14 de la Déclaration universelle des droits de l'homme du 10 décembre 1948 pose le principe selon lequel, « devant la persécution, toute personne a le droit de chercher asile et de bénéficier de l'asile en d'autres pays. Ce droit ne peut être invoqué dans le cas de poursuites réellement fondées sur un crime de droit commun ou sur des agissements contraires aux buts et aux principes des Nations Unies ».

Une nouvelle fois, il apparaît dès 1949 qu'un nouvel organisme devra prendre la suite de l'OIR. Une résolution de l'Assemblée générale des Nations Unies du 14 décembre 1950 crée le Haut-Commissariat des Nations Unies pour les réfugiés (HCR). Le HCR est conçu à l'origine comme une structure légère de protection et d'assistance aux réfugiés et aux demandeurs d'asile. Son mandat est très large : il s'applique non seulement aux réfugiés, ce qui est sa première mission, mais aussi aux personnes déplacées à l'intérieur de leur propre pays, en cas de guerre civile. Conjointement, avec des organisations caritatives, il participe à des actions humanitaires, par exemple au bénéfice des victimes de la guerre des Balkans. Il agit auprès des États, en particulier par l'intermédiaire de représentants accrédités, pour les inviter à se doter des instruments nécessaires à l'accueil des réfugiés et à appliquer les textes internationaux en la matière. Il n'a cessé de développer sa fonction d'assistance (soins médicaux, formation professionnelle, transports et réinstallation), mais il a été amené de plus en plus, au-delà de son mandat, à intervenir sur les causes des maux frappant les réfugiés et les demandeurs d'asile ainsi que sur la recherche active de solutions durables aux conflits. Il est essentiellement financé par les gouvernements, des organisations gouvernementales et non gouvernementales, voire des particuliers. Il a créé des fonds et établi des programmes à cet effet.

Parallèlement, un comité spécial des Nations Unies met au point un texte susceptible de constituer la base juridique d'une protection internationale des réfugiés.

Le texte est adopté le 28 juillet 1951 par les 26 États participant à la conférence : c'est la convention de Genève qui constitue toujours le texte de référence. Elle marque une rupture caractéristique de conception en considérant non plus des collectifs de réfugiés définis par la nationalité ou l'origine, mais les individus en référence aux droits de l'homme. L'éligibilité à la qualité de réfugié reste cependant de la compétence des États, conformément à une ferme revendication de la France notamment. Primitivement réservées aux événements survenus avant le 1er janvier 1951, les dispositions de la convention de Genève font l'objet d'interprétations souples (prise en compte des événements de Hongrie de 1956) jusqu'au protocole de New York du 31 juillet 1967, qui lève pour l'avenir toute réserve géographique et temporelle d'application de la convention. À ce jour, 147 États ont adhéré à l'un de ces textes ou aux deux.

III. – La genèse du système français

1. **Un rôle important.** – À la fin des années 1930, la France accueille sur son sol près de 1 million de réfugiés, quelque 500 000 Espagnols, 100 000 Italiens, 80 000 Allemands ou étrangers en provenance d'Allemagne ou des territoires annexés, soit huit à dix fois plus qu'aujourd'hui alors que la population ne compte que 38 millions d'habitants. Cet afflux tient sans doute à sa position extrême occidentale en Europe, mais aussi à son rayonnement de « patrie des droits de l'homme ». Elle accueille favorablement les populations russes fuyant la révolution bolchevique. L'arrivée d'une main-d'œuvre peu exigeante apparaît également la bienvenue après l'hémorragie de la guerre de 1914-1918. Mais la situation se retourne à partir de 1929 avec la crise

économique et la montée du chômage. La xénophobie se développe à l'encontre des réfugiés, des apatrides, accusés de participer d'un cosmopolitisme à l'origine de tous les maux sociaux.

Les gouvernements suivent les mouvements de l'opinion publique plus qu'ils ne tentent de la guider. Pourtant, jusqu'en 1933, la France accompagne l'action de la SDN, participe aux conférences internationales et ratifie les conventions et arrangements conclus. À partir de 1933, si les autorités françaises ne remettent pas en cause les textes antérieurs, elles sont de plus en plus réticentes à souscrire à de nouveaux accords internationaux favorables aux réfugiés. La réglementation intérieure se fait de plus en plus contraignante, notamment à partir de 1938, concernant les contrôles aux frontières, les conditions de résidence, les expulsions. À l'encontre de la tradition, les autorités publiques se déshonorent en internant des réfugiés allemands, espagnols, polonais, dont certains sont remis aux autorités allemandes pendant l'Occupation. Après la guerre, la France reprend sa place dans les négociations sur la mise en place du système international. Dans la discussion du texte qui aboutira à la convention de Genève de 1951, elle défend une définition stricte du réfugié, le caractère national de la détermination de cette qualité, les limitations géographique et temporelle réduites à celle des événements passés, l'adéquation de la nouvelle construction juridique au contexte européen, position soutenue par l'Allemagne et la Suède contre la vision universaliste défendue par la Grande-Bretagne, la Belgique et les Pays-Bas. L'option européenne prévaudra dans la convention de Genève, que la France ratifiera le 17 mars 1954, mais c'est finalement la conception universaliste qui l'emportera lors de l'adoption du Protocole de

New York en 1967, ouvrant la convention sur le futur ; la France le ratifiera le 3 février 1971.

2. **Une voie médiane.** – La contradiction entre l'universalisme hérité de la Révolution française et les replis identitaires observés ne pouvait manquer d'avoir une influence sur l'élaboration du dispositif national mis en place par la France. Dès le lendemain de la guerre, ses dirigeants décident de confier aux représentants de l'OIR la mission de reconnaissance et de protection des réfugiés, puis de répondre à l'invitation des Nations Unies d'appliquer les règlements et accords internationaux et de collaborer avec le HCR. Les débats parlementaires de l'époque expriment la recherche d'un équilibre entre, d'une part, le caractère international de la protection qui tend à s'universaliser et, d'autre part, le souhait, voire la nécessité, de confier la mise en œuvre effective de la protection à un organisme national, d'autant plus que le HCR n'a pas les moyens d'exercer directement cette protection. Mais, même dans l'hypothèse où le caractère national du moyen est retenu, la question se pose de savoir s'il doit être une émanation du HCR ou s'il convient de mettre sur pied un organisme strictement français.

Finalement, c'est une sorte de voie médiane qui est retenue. Sur le modèle de l'OIR, la loi du 25 juillet 1952 et le décret du 2 mai 1953 créent un établissement public administratif, l'Office français de protection des réfugiés et apatrides (OFPRA), et une juridiction chargée de statuer sur les recours formulés contre les décisions de refus de reconnaissance de la qualité de réfugié de l'établissement public, la Commission des recours des réfugiés (CRR). En réalité, le système retenu, dont les textes fondateurs connaîtront des modifications n'affectant pas l'équilibre général jusqu'aux réformes des dernières années, comporte trois échelons avec l'instance de cassation que constitue le Conseil d'État, devant lequel un étranger demandeur d'asile peut former un pourvoi contre une décision de rejet de la CRR – devenue la Cour nationale du droit d'asile (CNDA) par la loi n° 2007-1631 du 20 novembre 2007 – consécutive au rejet de la demande présentée devant l'OFPRA, voire quatre échelons si l'on retient la procédure préliminaire d'admission au séjour du demandeur d'asile.

Embrassée dans son ensemble, cette rétrospective révèle le double mouvement qui marque l'évolution historique du droit d'asile. D'une part, on est passé de la sanctuarisation du lieu d'asile à la protection de collectifs puis à celle de la personne. D'autre part, la protection est restée longtemps discrétionnaire entre les mains du souverain, de l'Église puis de l'État, pour s'inscrire finalement dans une perspective universaliste tant dans ses bases juridiques que par la mise en place de ses instruments, qu'ils soient nationaux ou internationaux.

Chapitre II

LES DISPOSITIFS D'ADMISSION

Le demandeur d'asile doit être autorisé à séjourner dans le pays d'accueil jusqu'à ce qu'il soit statué sur sa demande et qu'il voie son droit d'asile éventuellement consacré par la reconnaissance de la qualité de réfugié ou par le bénéfice d'un autre statut protecteur.

I. – Le dispositif français

1. **Le dispositif d'accueil.** – Si la convention de Genève ne traite pas de l'asile mais des réfugiés, elle fournit néanmoins des orientations utiles concernant les étrangers qui sollicitent l'asile dans le pays d'accueil. Elle prévoit ainsi qu'aucune sanction pénale ne doit être appliquée par l'État d'accueil du fait d'une entrée ou d'un séjour irrégulier, d'une présence sans autorisation, sous réserve que l'intéressé se présente sans délai aux autorités pour leur exposer des raisons valables de son entrée ou de sa présence irrégulière ; que ne seront appliquées aux déplacements des intéressés que les restrictions jugées nécessaires (art. 31). L'État ne peut expulser un réfugié en situation régulière que pour des raisons de sécurité nationale ou d'ordre public (art. 32). Il ne peut non plus expulser ou refouler un étranger sur les frontières des territoires où sa vie ou sa liberté serait menacée en raison de sa race,

de sa religion, de sa nationalité, de son appartenance à un certain groupe social ou de ses opinions politiques, sauf si l'intéressé constitue un danger pour le pays où il se trouve (art. 33). Le HCR et les États ont jugé que ces dispositions, prévues par la convention pour être applicables aux réfugiés, au sens de la convention, devaient l'être aussi à tous les demandeurs d'asile en attente de décision sur leur demande. Par ailleurs, la restriction au principe de non-refoulement posée à l'article 33 de la convention peut être levée par référence à l'article 3 de la convention européenne de sauvegarde des droits de l'homme et des libertés fondamentales, qui ne retient pas cette restriction. Le Conseil d'État a reconnu, comme premier principe général du droit applicable aux étrangers, qu'un étranger ne soit remis, de quelque manière que ce soit par un État qui lui reconnaît la qualité de réfugié, aux autorités de son pays d'origine (CR, Ass., 1er avr. 1988, *Bereciartua Echarri*).

La plupart des demandeurs d'asile se présentent irrégulièrement à la frontière du pays d'accueil. Le demandeur doit d'abord être admis sur le territoire avant de pouvoir solliciter une autorisation de séjour qui lui permettra de présenter une demande d'asile. Il est admis sur le territoire si sa demande n'est pas « manifestement infondée ». Le demandeur peut être maintenu en zone d'attente le temps que cette condition soit vérifiée. L'examen de la demande d'admission au séjour relève du préfet compétent et, à Paris, du préfet de police. Depuis 2006, la procédure est progressivement régionalisée. Désormais, l'admission au séjour et la délivrance de l'APS relèvent de la compétence de la préfecture de région, les préfectures des départements restant compétentes pour le suivi administratif (renouvellement des récépissés), la délivrance éventuelle d'un titre de long séjour ou la notification de l'obligation de quitter le territoire français (OQTF). Fin 2009, cette nouvelle procédure a été mise en œuvre dans 19 régions.

Lorsqu'il est admis au séjour, le demandeur d'asile dispose alors d'une liberté de circulation. Il peut être accueilli dans l'un des 271 Centres d'accueil pour demandeurs d'asile (CADA) existants (20 410 places) en fonction des places disponibles et selon certains critères d'ordre social (familles avec enfants, jeunes majeurs isolés, personnes ayant des problèmes de santé, femmes seules). S'il ne bénéficie pas d'un hébergement en CADA ou au titre de l'aide sociale de l'État, il reçoit une allocation temporaire d'attente (ATA) pendant toute la durée de la procédure ; s'il est pris en charge dans un centre d'hébergement, il perçoit une allocation sociale globale (ASG), versée également pendant toute la durée de la procédure et destinée à couvrir l'ensemble de ses dépenses individuelles. L'accès des enfants à l'éducation est obligatoire ; celui à la formation professionnelle est subordonné à autorisation administrative ; l'accès à l'enseignement supérieur est possible sous certaines conditions qui varient beaucoup d'une université à l'autre. Le demandeur d'asile titulaire d'un droit au séjour provisoire a accès au système de santé de droit commun et bénéficie de la couverture médicale universelle (CMU) ; l'étranger en situation irrégulière peut, sous certaines conditions de résidence et de revenu (notamment le paiement d'un forfait annuel), bénéficier de l'aide médicale d'État (AME). En revanche, sauf exception, le demandeur d'asile n'a pas accès au marché du travail, la situation de l'emploi lui étant généralement opposable, ce qui implique en tout état de cause une autorisation administrative préalable ; néanmoins, la règle de l'opposabilité du marché de l'emploi a été supprimée pour les jeunes et pour l'exercice d'une activité professionnelle dans certains métiers ou certaines zones géographiques caractérisés par des difficultés de recrutement.

2. **L'Office français de protection des réfugiés et apatrides (OFPRA).** – L'OFPRA est un établissement public doté de la personnalité civile et de l'autonomie financière et administrative, placé auprès du ministre chargé de l'asile. Il reconnaît la qualité de réfugié et accorde la protection subsidiaire aux personnes qui remplissent les conditions requises et assure leur protection juridique et administrative (chap. III). En liaison avec les autorités administratives compétentes, il veille à l'application des garanties fondamentales offertes par le droit national, l'exécution des conventions, accords ou arrangements internationaux relatifs à la protection des réfugiés en France, notamment la protection prévue par la convention de Genève du 28 juillet 1951 et par le Protocole de New York du 31 janvier 1967. Il a également pour mission de coopérer avec le haut-commissaire des Nations Unies pour les réfugiés.

L'Office est administré par un conseil d'administration comprenant deux parlementaires désignés respectivement par l'Assemblée nationale et le Sénat, un représentant de la France au Parlement européen, des représentants de l'État (Premier ministre et ministères concernés) et un représentant des personnels de l'Office. Ce conseil d'administration fixe les orientations générales concernant l'activité de l'office ainsi que, dans l'attente de dispositions communautaires sur le sujet, la liste des pays d'origine considérés comme sûrs (chap. V). Le président du conseil d'administration est nommé par décret en son sein sur proposition du ministre chargé de l'asile. L'Office est géré par un directeur général nommé par décret sur proposition conjointe du ministre des Affaires étrangères et du ministre chargé de l'asile ; il participe aux séances du conseil d'administration avec voie consultative. Le délégué du haut-commissaire des Nations Unies pour les réfugiés ainsi que trois personnalités qualifiées nommées par décret (dont au moins une représente les organismes participant à l'accueil et à la prise en charge des demandeurs d'asile et des réfugiés) assistent aux séances du conseil d'administration et peuvent y présenter leurs observations et leurs propositions. Les dépenses de l'Office sont couvertes par une subvention de l'État qui exerce son contrôle financier.

Tous les membres du personnel de l'Office sont tenus au secret professionnel en ce qui concerne les renseignements qu'ils ont reçus dans l'exercice de leurs fonctions. Les effectifs de l'OFPRA et de la CNDA, qui comptent de nombreux personnels contractuels, connaissent de fortes fluctuations (globalement, entre 400 et 900 agents), en relation avec les variations importantes des flux de demandes d'asile.

3. **La Cour nationale du droit d'asile (CNDA).** – La Cour nationale du droit d'asile (CNDA) est une juridiction administrative spécialisée qui a pour principale fonction de statuer sur les recours formés contre les décisions de l'OFPRA. Un décret n° 2008-1481 du 30 décembre 2008 a sensiblement modifié son organisation. Elle est placée sous l'autorité d'un président, membre du Conseil d'État, désigné par le vice-président du Conseil d'État, nommé pour cinq ans renouvelables, assisté de vice-présidents. Le secrétariat de la CNDA est assuré par un secrétaire général nommé par le vice-

président du Conseil d'État sur proposition du président de la CNDA.

La CNDA est organisée en sections. Chacune d'elles est composée, dans ses formations de jugement, de trois membres : 1/ un président nommé soit par le vice-président du Conseil d'État parmi les membres du Conseil d'État ou du corps des tribunaux administratifs et des cours administratives d'appel, soit par le premier président de la Cour des comptes parmi les magistrats de la Cour des comptes et des chambres régionales des comptes (en activité ou honoraires), soit par le ministre de la Justice parmi les magistrats du siège en activité et les magistrats honoraires de l'ordre judiciaire ; 2/ une personnalité qualifiée de nationalité française, nommée par le haut-commissaire des Nations Unies pour les réfugiés sur avis conforme du vice-président du Conseil d'État ; 3/ une personne qualifiée nommée par le vice-président du Conseil d'État. Les membres des formations de jugement de la CNDA sont nommés pour une période de trois ans renouvelables. Les présidents de section sont réunis en assemblée générale une fois par ans.

Le président de la CNDA ou la section à laquelle une affaire est attribuée peuvent, lorsque surgit une question nouvelle, renvoyer le jugement du recours à la formation dite des « sections réunies », qui comprend la section saisie du recours et deux autres sections, désignées selon un tableau établi annuellement. Elle est présidée par le président de la CNDA et, en cas d'empêchement, par le plus ancien des présidents de section.

On notera que le juge administratif de droit commun est compétent pour statuer de façon incidente sur les craintes de traitements inhumains ou dégradants en cas de retour du requérant dans son pays d'origine (contentieux des reconduites à la frontière, par exemple) sur le fondement des articles 3 et 8 de la convention européenne de sauvegarde des droits de l'homme et des libertés fondamentales.

4. **Le Conseil d'État juge de cassation.** – La CNDA peut intervenir après qu'elle a pris sa décision comme voie de recours en révision dans le cas où il est soutenu que sa décision a résulté d'une fraude.

La CNDA étant une juridiction administrative, ses décisions sont susceptibles de faire l'objet d'un recours en cassation devant le Conseil d'État dans les conditions du droit commun, y compris la règle imposant le ministère d'un avocat au Conseil d'État et à la Cour de cassation.

II. – Aperçu sur les dispositifs étrangers

À l'instar de la structure du dispositif français, on peut distinguer quatre niveaux.

1. **L'accueil.** – On n'observe pas de différences de procédures marquées selon que l'étranger se présente à la frontière ou qu'il demande à séjourner sur le territoire d'un pays d'accueil. Dans tous les cas, il doit s'adresser à une autorité de police ou à une instance dont la principale préoccupation va être d'éliminer les demandes abusives puis de se prononcer sur la recevabilité de la demande de séjour dans l'attente d'une décision au fond concernant la demande d'asile. Cet interlocuteur peut être un policier à la frontière ou un agent des services de l'immigration, du ministère de l'Intérieur ou de la Justice. Plus généralement, l'étranger devra décliner son identité et déposer une demande de séjour auprès d'une préfecture, ou bien directement d'asile – les demandes

d'asile ou de séjour n'étant pas toujours très clairement distinguées – auprès d'un organisme spécialisé. Il devra généralement satisfaire à un premier entretien et remplir un questionnaire.

Le droit au séjour ne préjuge pas la reconnaissance de la qualité de réfugié et, plus largement, l'octroi durable de l'asile. Ce premier filtrage ne vise qu'à écarter les demandes des étrangers originaires d'un pays d'origine sûr ou en provenance d'un pays tiers considéré comme sûr où ils auraient séjourné un temps assez long (chap. V) ; des étrangers dont la demande est manifestement infondée ou abusive pour des raisons diverses (manœuvre frauduleuse, demande antérieure rejetée, interdiction de séjour) ; des étrangers pour lesquels la demande d'asile relève d'un autre État par application de la convention de Dublin déterminant l'État responsable ; pour tous les pays, des étrangers qui constituent une menace pour l'ordre public.

Dans la plupart des cas, les demandeurs sont libres de leurs mouvements, soit lorsqu'ils sont entrés irrégulièrement jusqu'au jour où ils se proposent de régulariser leur séjour, soit après une rétention éventuelle à l'arrivée jusqu'au moment où ils s'adressent à l'autorité chargée de la délivrance des titres de séjour. Cependant, certains pays pratiquent des politiques d'hébergement, obligatoire le cas échéant.

De nombreux pays signalent les demandes au HCR ou lui permettent de s'informer.

2. **L'examen de la demande.** – Les organismes chargés de l'instruction au fond de la demande d'asile peuvent aussi parfois être consultés par les services responsables de l'accueil et de la délivrance des premières autorisations de séjour.

Leur plus ou moins grande dépendance par rapport à l'administration de tutelle est assez difficile à apprécier. Certains sont des services de l'administration ou apparaissent comme de simples prolongements de celle-ci. Dans d'autres cas existent des organismes apparemment dotés d'une indépendance relative.

De même que la phase de l'accueil interfère parfois avec celle de l'autorisation de séjour, on observe aussi que l'instruction et la décision administrative du premier niveau sur la demande d'asile peuvent prendre un caractère juridictionnel.

À ce stade, le HCR intervient très inégalement selon les pays. Dans certains d'entre eux, il peut être informé de la demande dès l'origine, où il peut demander des informations et réaliser des inspections, contacter les demandeurs et être contacté par eux, être représenté aux entretiens et aux audiences. Parfois, il peut intervenir dans toutes les étapes de la procédure, se livrer à des expertises ; en cas de désaccord avec les autorités, celles-ci doivent motiver leur décision. Son avis peut être requis préalablement à la décision de première instance.

3. **Le recours.** – La spécificité des systèmes juridiques des États marque fortement les dispositifs de recours, d'autant plus que ceux-ci mêlent parfois les recours contre les décisions d'irrecevabilité des demandes relatives au séjour et les décisions concernant les demandes d'asile. S'agissant des recours contre des décisions d'irrecevabilité, l'instance administrative d'instruction et de décision peut aussi être l'instance de recours sous forme de recours urgent ou d'objection ; mais, le plus souvent, c'est une juridiction *ad hoc* qui intervient. Plusieurs pays ont prévu des procédures accélérées sur les recours relatifs à l'irrecevabilité.

En ce qui concerne les recours contre les décisions de rejet des demandes d'asile, les instances compétentes sont généralement de caractère juridictionnel. Le recours devant elles est souvent suspensif, mais il doit être exercé dans des délais très courts.

À ce stade, l'intervention du HCR est beaucoup plus réduite qu'en amont. On notera que la présence en France, au sein d'une juridiction nationale, d'une personnalité nommée par une organisation internationale, le HCR, est une singularité qui distingue le dispositif français des dispositifs étrangers ; c'est également une exception en droit français.

4. **Les recours supplémentaires ou la cassation.** – Il existe dans certains pays un double niveau de recours dont le second a souvent le caractère d'une instance de cassation qui implique les plus hautes instances juridictionnelles (cours constitutionnelles, conseils d'État).

Le HCR n'intervient pas à ce niveau.

Chapitre III

LE STATUT DU BÉNÉFICIAIRE DE L'ASILE

Il y a plusieurs catégories d'asile auxquelles correspondent divers degrés de protection. Le bénéfice de l'asile, lorsqu'il est confirmé par une décision administrative ou juridictionnelle, débouche normalement sur un statut comportant droits et obligations. Le statut de réfugié défini par la convention de Genève est, en la matière, la référence majeure.

I. – Les différentes catégories d'asile

1. **L'asile constitutionnel.** – La Révolution française a donc fondé la tradition républicaine du droit d'asile par un acte éminemment politique. L'asile est accordé aux étrangers bannis de leur patrie pour la cause de la liberté. Ainsi, c'est au moment même où se définit la citoyenneté dans une acception moderne sur une base nationale que l'asile est accordé à l'étranger victime de son combat pour une valeur universelle rejoignant l'aspiration révolutionnaire : la liberté. Dans le même esprit, les révolutionnaires de 1793 proclament que doit être « admis à l'exercice des droits de citoyen français » l'étranger « qui sera jugé par le corps législatif avoir bien mérité de l'humanité ». C'est ainsi que l'Américain Thomas Paine et l'Allemand Anacharsis Cloots (qui se

proclamait d'ailleurs lui-même « citoyen de l'humanité ») furent députés à la convention, même s'ils comptèrent ensuite au nombre des victimes (Thomas Paine emprisonné, Anacharsis Cloots guillotiné).

Néanmoins, si la tradition de l'asile politique en France est solidement ancrée dans cette époque et ne sera pas remise en cause dans son principe par la suite – sauf l'exception du régime de Vichy –, elle ne débouche pas sur une formalisation législative ou réglementaire significative. Sans être abandonnée pour autant, elle est simplement intégrée, au lendemain de la Seconde Guerre mondiale, au dispositif mis en place pour l'application de la convention de Genève. Pourtant, dans les mêmes termes que les décisions du Conseil d'État, le Conseil constitutionnel, par sa décision du 13 août 1993, rappelle la valeur constitutionnelle du droit d'asile tel que posé par le 4e alinéa du Préambule de la Constitution de 1946 repris dans la Constitution de 1958, « droit fondamental » entraînant droit provisoire au séjour du demandeur d'asile et obligation faite à la loi de créer les conditions permettant d'exercer effectivement les « droits de la défense » lors de l'examen des demandes.

Cette décision aura pour conséquence d'entraîner une révision de la Constitution (loi constitutionnelle du 25 novembre 1993) dont l'article 53-1 dispose que « la République peut conclure, avec les États européens qui sont liés par des engagements identiques aux siens en matière d'asile et de protection des droits de l'homme et des libertés fondamentales, des accords déterminant leurs compétences respectives pour l'examen des demandes d'asile qui leur sont présentées. Toutefois, même si la demande n'entre pas dans leur compétence en vertu de ces accords, les autorités de la République ont toujours le droit de donner asile à tout étranger persécuté en raison de son action en faveur de la liberté ou qui sollicite la protection de la France pour un autre motif ». Dans cette dernière phrase, les termes du 4e alinéa du Préambule de la Constitution sont inversés : d'un droit de la personne le droit d'asile y devient un droit de l'État.

Ce droit constitutionnel qui avait ainsi été préservé avait vu néanmoins son autonomie réduite par rapport à la convention de Genève. Il retrouve sa spécificité avec la loi du 11 mai 1998 qui réintroduit dans l'article 2 de la loi du 25 juillet 1952 portant création de l'OFPRA, devenue « loi relative au droit d'asile », la reconnaissance de la qualité de réfugié « à toute personne persécutée en raison de son action en faveur de la liberté » (art. L. 711-1), plaçant ainsi sur le même plan l'asile constitutionnel à forte charge symbolique et politique et l'asile tiré des dispositions de la convention de Genève, dit pour cela asile « conventionnel ». Le but de la loi de 1998 était en outre de permettre aux « combattants de la liberté » de se voir reconnaître la qualité de réfugié, même lorsque les persécutions dont ils étaient l'objet n'étaient ni encouragées ni volontairement tolérées par les autorités étatiques, ce qui valait plus encore pour la notion d'asile territorial que cette loi introduisait (chap. IV).

Pour autant, quel que soit le fondement de la reconnaissance de cette qualité, la procédure est la même, mise en œuvre par les mêmes autorités : l'OFPRA et la CNDA. Le fait que, parmi les personnes constituant la formation de jugement de la CNDA, figure un juge au titre d'une organisation internationale, le HCR, n'a pas été regardé comme contraire à la Constitution, en raison de la nécessaire unification de la procédure.

Par sa décision du 4 décembre 2003, le Conseil constitutionnel a repris la motivation de sa décision de 1993 :

« Si certaines garanties attachées à ce droit ont été prévues par des conventions internationales introduites en droit interne […] il incombe au législateur d'assurer en toutes circonstances l'ensemble des garanties légales que comporte cette exigence constitutionnelle. » Dès lors, on peut en déduire que ces garanties s'appliquent à l'ensemble des demandeurs d'asile.

L'asile constitutionnel donne ainsi une conception solennelle et extensive du droit d'asile.

2. **L'asile des réfugiés relevant du mandat du HCR.** – Le Code de l'entrée et du séjour des étrangers et du droit d'asile prévoit que la qualité de réfugié est également reconnue à « toute personne sur laquelle le Haut-Commissariat des Nations Unies pour les réfugiés exerce son mandat aux termes des articles 6 et 7 de son statut tel qu'adopté par l'Assemblée générale des Nations Unies le 14 décembre 1950 » (art. L. 711-1). Cette rédaction, quelque peu elliptique, a couvert au lendemain de la Seconde Guerre mondiale des personnes qui n'étaient pas prises en compte par la convention de Genève, alors réservée aux événements survenus avant le 1er janvier 1951, essentiellement en Europe. L'universalité et l'intemporalité de cette protection prolongeaient les efforts développés par la Société des nations (SDN) avant la guerre. Pour autant, les critères de placement sous mandat et ceux de reconnaissance de la qualité de réfugié selon la convention de Genève ne différaient pas essentiellement.

Les importants mouvements de population et d'exode liés à la décolonisation donnent un contenu nouveau à ce type de protection, étendant au fil des événements l'exercice du mandat du HCR au-delà de sa définition de 1950, la France optant pour la conception stricte d'origine, ce qui exclut de l'éligibilité au statut les personnes relevant d'un mandat dit élargi – à savoir, par exemple, celles vis-à-vis desquelles le HCR use de ses bons offices et dont la situation sera examinée individuellement au regard des dispositions de la convention de Genève.

Lorsqu'une personne est reconnue réfugiée sur la base du mandat strict, la compétence de l'OFPRA et celle de la CNDA sont liées, et il y a éligibilité directe au statut (CRR, SR, 5 juin 2000, *Mbingo*).

3. **L'asile des réfugiés au sens de la convention de Genève.** – C'est donc l'asile dit « conventionnel » pour être distingué des deux catégories précédentes. La qualité de réfugié est reconnue à toute personne qui « répond aux définitions de l'article 1er de la convention de Genève du 28 juillet 1951 relative au statut des réfugiés » (art. L. 711-1). Aux termes de l'article 1 A.2 de la convention : « Le terme "réfugié" s'appliquera à toute personne qui [...], craignant avec raison d'être persécutée du fait de sa race, de sa religion, de sa nationalité, de son appartenance à un certain groupe social ou de ses opinions politiques, se trouve hors du pays dont elle a la nationalité et qui ne peut ou, du fait de cette crainte, ne veut se réclamer de la protection de ce pays ; ou qui, si elle n'a pas de nationalité et se trouve hors du pays dans lequel elle avait sa résidence habituelle à la suite de tels événements, ne peut ou, en raison de ladite crainte, ne veut y retourner. »

La convention prévoit qu'elle cessera d'être applicable dans un certain nombre de cas, et notamment si, les circonstances à la suite desquelles elle a été reconnue comme réfugiée ayant cessé d'exister, elle ne peut plus continuer à refuser de se réclamer de la protection du pays dont elle a la nationalité ou dans lequel elle avait sa résidence habituelle, à moins qu'elle puisse invoquer des raisons impérieuses tenant à des persécutions antérieures.

La convention de Genève retient donc la notion de « raisons impérieuses tenant à des persécutions antérieures » (art. 1 C.5), mais en exception à la clause prévoyant la cessation de la reconnaissance de la qualité de réfugié lorsque les circonstances ayant justifié cette reconnaissance ont cessé d'exister (chap. VI) ; il s'agit, le plus souvent, mais pas nécessairement, d'un changement de régime. Cette notion a été étendue rapidement aux demandes d'admission et a laissé place dans la jurisprudence française à celle d'« exceptionnelle gravité ». Elle concernait à l'origine les victimes de la terreur nazie après la défaite du Reich ; elle s'est appliquée aussi aux réfugiés basques après la chute du franquisme, à ceux du Rwanda après la fin des massacres, aux requérants du Kosovo après la guerre des Balkans, à un enfant soldat de 13 ans de la République démocratique du Congo. Par dérogation, il s'agit bien de faire prévaloir les persécutions passées sur le risque actuel en raison des conséquences physiques et morales qui continuent d'être éprouvées par les victimes. Elle ne doit pas être regardée cependant comme un motif supplémentaire de la convention de Genève.

Une personne reconnue réfugiée par un État au titre de la convention de Genève peut demander le transfert de sa protection à la France. Dans cette hypothèse, ni l'OFPRA ni la CNDA ne se livrent à une nouvelle appréciation du bien-fondé de la qualité de réfugié, le statut de réfugié ayant un effet extraterritorial et la décision présentant un caractère recognitif. Si la personne invoque et justifie des craintes de persécution au sens des stipulations conventionnelles dans le pays où elle a été reconnue réfugiée, il ne s'agit plus de transfert de protection mais d'une nouvelle reconnaissance dont la demande doit être instruite au fond.

4. **La protection subsidiaire.** – Pour compenser certaines brèches repérées dans l'application de la convention de Genève, des circulaires d'abord, puis la loi du 11 mai 1998 ont reconnu une procédure nouvelle dite d'asile territorial en faveur de toute personne ne répondant pas aux critères de la convention, mais dont la vie ou la liberté serait menacée dans son pays d'origine ou qui y serait exposée à des traitements inhumains ou dégradants contraires à l'article 3 de la convention européenne de sauvegarde des droits de l'homme et des libertés fondamentales. Le ministre de l'Intérieur n'avait pas à motiver sa décision. L'asile territorial n'a conduit qu'à un très petit nombre de décisions favorables.

La loi du 10 décembre 2003 a modifié l'article 2 de la loi du 25 juillet 1952 pour prévoir une protection subsidiaire qui remplace l'asile territorial avec des motifs un peu différents. Le caractère subsidiaire est clairement affirmé ; il appartient à l'OFPRA, guichet unique, de vérifier en premier lieu si le demandeur relève de la convention de Genève avant d'envisager, si tel n'est pas le cas, l'octroi éventuel de la protection subsidiaire. Le bénéfice de la protection subsidiaire est accordé à toute personne établissant qu'« elle est exposée dans son pays à l'une des menaces graves suivantes : *a)* la peine de mort ; *b)* la torture ou des peines ou traitements inhumains ou dégradants ; *c)* s'agissant d'un civil, une menace grave, directe et individuelle contre sa vie ou sa personne en raison d'une violence généralisée résultant d'une situation de conflit armé interne ou international » (art. L. 712-1). Si le niveau de violence est élevé, il n'est pas nécessaire de rechercher des faits personnalisés (CJCE, 17 fév. 2009, *M. et Mme Elgafati* et CE, 3 juil. 2009 *OFPRAC. MA)*. Le bénéfice de la protection subsidiaire est accordé pour une période d'un an renouvelable et généralement renouvelée, le cas échéant après confirmation par l'OFPRA de l'actualité des craintes. Une résidence ininterrompue d'au moins cinq années à ce titre permet d'obtenir une carte de résident de dix ans alors renouvelable de plein droit.

L'asile territorial était octroyé de façon discrétionnaire ; la protection subsidiaire est devenue un droit.

5. **Une pluralité d'autres conceptions de l'asile.** – D'autres considérations peuvent conduire à l'octroi de l'asile.

A) *L'unité de famille.* – Si plusieurs instruments internationaux évoquent la protection nécessaire de la famille, la convention de Genève, quant à elle, n'y fait qu'une référence discrète. Toutefois, lors de son adoption, l'Acte final de la conférence des plénipotentiaires a demandé aux gouvernements de prendre les mesures nécessaires pour assurer le maintien de l'unité de famille des réfugiés. C'est en 1977 que le HCR retient le principe de l'unité de famille. Il trouve dans les différents droits internes des applications très variées. En France, le Conseil d'État l'a reconnu comme un second principe général du droit des réfugiés avec celui de non-renvoi d'un réfugié dans son pays d'origine (CE, Ass. 2 déc. 1994, *Mme Agyepong*). La protection du réfugié implique la protection de sa famille, qui constitue pour lui un droit personnel, outre que la famille pourrait elle-même craindre d'être persécutée par voie de conséquence de son lien avec le demandeur d'asile. La famille ici considérée est à géométrie variable selon les pays d'accueil, mais elle comprend au minimum le conjoint ou le concubin de même nationalité que le réfugié et les enfants mineurs à la date de leur entrée en France (CRR, SR, 13 nov. 1996, *Selvarajah*). En France, l'interprétation est très restrictive. Le principe de l'unité de famille n'impose pas que le statut de réfugié soit retenu pour toutes les personnes à charge ; il s'applique ainsi à l'ascendant incapable placé sous la responsabilité du réfugié par une mesure de tutelle à condition que la situation de particulière dépendance ait existé dans le pays d'origine du réfugié avant l'arrivée de celui-ci en France (CE, 28 juill. 2004, *Mme Trin*). Le principe de l'unité de famille ne s'applique pas à la protection subsidiaire, mais la carte de séjour temporaire d'un an est délivrée de plein droit au conjoint et aux enfants dans l'année qui suit leur dix-huitième anniversaire (L. 313-13 et CE, 18 déc. 2008, *OFPRA c/ M. A.*). Dans tous les cas (mariage, concubinage, minorité, situation particulière), la situation considérée est celle existant avant la demande de statut du premier requérant.

B) *La protection temporaire.* – Une directive du Conseil de l'Union européenne du 20 juillet 2001 a défini la protection temporaire comme une procédure de caractère exceptionnel assurant, en cas d'afflux massif présent ou imminent de « personnes déplacées en provenance de pays tiers qui ne peuvent rentrer dans leur pays d'origine, une protection immédiate et temporaire, notamment si le système d'asile risque également de ne pouvoir traiter cet afflux sans provoquer d'effets contraires à son bon fonctionnement, dans l'intérêt des personnes concernées et celui des autres personnes demandant une protection ». Ses principales dispositions ont été transposées en droit interne (art. L. 811-1 à L. 811-9). Le bénéfice de la protection temporaire est accordé pour une période d'un an renouvelable dans la limite maximale de trois années. Cette protection ne doit pas préjuger la reconnaissance du statut de réfugié que ces personnes peuvent solliciter au titre de la convention de Genève.

C) *L'asile discrétionnaire.* – Il a existé sous tous les régimes et s'apparente fort à la raison d'État. Cette catégorie, comme la suivante, ne relève pas à proprement parler du droit d'asile, puisque celui-ci correspond à l'ouverture d'un droit au séjour. Il s'ensuit que sa définition est incertaine, et ses effets aléatoires. En France, il a été accordé individuellement aussi bien à la famille Duvalier qu'à l'ex-empereur Bokassa ou à l'ayatollah Komeyni. Conformément à la décision du Conseil constitutionnel du 13 août 1993 précitée, l'administration est toujours libre de régulariser par bienveillance un étranger en situation irrégulière. On peut ainsi rattacher à ce type d'asile des régularisations collectives comme celles qui sont intervenues en 1981 et 1997 ou plus limitées en faveur de parents d'enfants scolarisés en 2006. On rangera également dans cette catégorie l'asile naval ou maritime et l'asile diplomatique, qui consistent pour un État à accorder l'asile à un étranger sur un bateau de guerre ou dans une ambassade pour des raisons politiques ou humanitaires.

D) *L'asile de fait.* – Cette catégorie pourrait réunir tous les cas où l'étranger ne dispose pas de titre de séjour, soit qu'il ait été débouté de sa demande d'asile, mais que son renvoi vers son pays d'origine ou un pays tiers soit impossible, notamment en raison des risques encourus, soit que l'étranger se maintienne irrégulièrement sur le territoire et rejoigne la masse des clandestins. Il s'agit généralement de situations de grande précarité qui ne peuvent être réglées que par une mesure discrétionnaire, individuelle ou collective. Un rapport de l'Inspection générale des affaires sociales et de l'Inspection générale de l'administration évaluait, début 2004, à 250 000 le nombre d'étrangers déboutés du droit d'asile présents sur le territoire français, dont 18 000 familles regroupant 60 000 personnes. Des déclarations officielles postérieures ont situé le nombre d'étrangers en situation irrégulière entre 200 000 et 400 000.

II. – La protection du réfugié

Le bénéficiaire du droit d'asile, reconnu réfugié ou protégé, dispose d'un statut lui conférant des droits et lui imposant des devoirs.

1. **Les droits prévus par la convention de Genève.** – Outre les dispositions explicitant les principes de non-application de sanctions pénales et de non-refoulement précédemment évoqués (art. 31 à 33), la convention confère expressément un certain nombre de droits aux réfugiés. Ces droits sont les mêmes que ceux qui sont reconnus aux nationaux pour la liberté religieuse (art. 4), la propriété intellectuelle (art. 14), l'action en justice (art. 16), l'enseignement primaire (au sens d'obligatoire, art. 22), l'assistance publique (art. 23), la législation du travail et de la sécurité sociale (art. 24), l'aide administrative (art. 25), la délivrance de titres d'identité (art. 27), les charges fiscales (art. 29). Ils sont aussi favorables que possible, et en tout cas non moins favorables

que ceux qui sont accordés, dans les mêmes circonstances, aux étrangers en général en ce qui concerne la propriété mobilière et immobilière (art. 13), l'exercice des professions non salariées (art. 18) et libérales (art. 19), le logement (art. 21), les enseignements au-delà du primaire (art. 22), la liberté de circulation (art. 26). Ils correspondent au traitement le plus favorable accordé aux ressortissants d'un pays étranger, dans les mêmes circonstances, pour le droit d'association non politique et non lucrative et le droit syndical (art. 15), l'exercice d'une activité professionnelle salariée (art. 17). La convention se prononce, sous réserve, pour des dispositions favorables en matière de délivrance de titres de voyages (art. 28) et de transferts d'avoirs (art. 30). Elle dispose que le statut personnel du réfugié doit être régi par la loi du pays de son domicile ou, à défaut, de sa résidence, les droits précédemment acquis, notamment ceux qui résultent du mariage, étant respectés (art. 12). Elle interdit, dans son application, toute discrimination selon la race, la religion ou le pays d'origine (art. 3).

Tout réfugié a des devoirs vis-à-vis du pays d'accueil, qui comportent notamment l'obligation de se conformer aux lois et règlements ainsi qu'aux mesures prises pour le maintien de l'ordre public (art. 2). Mais la convention prévoit aussi que les États contractants doivent faciliter, dans toute la mesure du possible, l'assimilation et la naturalisation des réfugiés (art. 34).

2. **L'application en droit interne.** – Elle porte notamment sur la protection civile du réfugié et sur un certain nombre de droits politiques, économiques et sociaux.

A) *La protection administrative et juridique.* – Le Code de l'entrée et du séjour des étrangers et du droit d'asile prévoit la délivrance de plein droit au réfugié d'une carte de résident valable dix ans (art. L. 314-1 et L. 314-11). Elle ne peut être délivrée à un ressortissant étranger qui vit en état de polygamie, ni aux conjoints d'un tel ressortissant (art. L. 314-5). Elle se périme si l'étranger quitte le territoire français, sauf autorisation, pendant une période de plus de trois ans (art. L. 314-7). Elle est renouvelée dans les mêmes conditions que celles de la délivrance. Elle est également délivrée au conjoint du réfugié et à ses enfants de moins de 19 ans qui n'ont pas eux-mêmes la qualité de réfugié (art. L. 314-9 et L. 314-11).

L'État d'accueil se substitue à l'État d'origine en matière de protection administrative et juridique du réfugié. En France, l'OFPRA est habilité à délivrer aux réfugiés et apatrides, après enquête s'il y a lieu, les pièces nécessaires pour leur permettre soit d'exécuter les divers actes de la vie civile, soit de faire appliquer les dispositions de la législation interne ou des accords internationaux qui intéressent leur protection, notamment les pièces tenant lieu d'état civil. Dans les mêmes conditions, il délivre les mêmes pièces aux bénéficiaires de la protection subsidiaire lorsque ceux-ci sont dans l'impossibilité de les obtenir de leurs autorités. Le directeur de l'OFPRA est notamment appelé à certifier la situation de famille et l'état civil des intéressés, à attester la conformité avec les lois du pays d'origine des actes passés dans ce pays, le cas échéant à signaler les intéressés aux autorités compétentes pour ce qui concerne les visas, les titres de séjour, l'admission aux établissements d'enseignement, l'accès aux droits sociaux, la délivrance de titres de voyage. Les actes et documents qu'il établit ont la valeur d'actes authentiques qui suppléent l'absence de ceux que délivre le pays d'origine.

B) *Les libertés publiques.* – C'est d'abord la *liberté de circulation,* dont le principe est posé par la Déclaration universelle des droits de l'homme : « 1/ Toute personne a le droit de circuler librement et de choisir sa résidence à l'intérieur d'un État. 2/ Toute personne a le droit de quitter tout pays, y compris le sien, et de revenir dans son pays » (art. 13). À l'intérieur du territoire, les réfugiés sont dispensés de l'obligation de signaler leur changement d'adresse. À l'extérieur, la convention a pris soin d'inviter les États contractants à reconnaître entre eux les titres de voyage délivrés conformément à la convention et à faire en sorte que ces titres soient délivrés pour le plus grand nombre de pays, à l'exception évidemment du pays d'origine. Le titre de voyage peut être refusé pour des raisons impérieuses de sécurité nationale ou d'ordre public.

C'est aussi la *liberté d'opinion et d'expression.* La convention, on l'a vu, ne s'exprime pas sur la plupart des libertés publiques, en particulier sur la liberté d'opinion et d'expression. On en déduit qu'elle laisse à chaque État le soin d'en fixer la portée et les limites. En France, ces libertés ont été consacrées de longue date par des textes essentiels, en particulier la Déclaration des droits de 1789. Mais c'est une position constante des autorités publiques d'avoir estimé que l'étranger, et en l'espèce le réfugié, devait s'astreindre à une certaine réserve dans l'expression de ses opinions politiques. Or, ni la loi du 25 juillet 1952 ni l'ordonnance du 2 novembre 1945 n'ont prévu un quelconque devoir de réserve ou de neutralité politique et le Conseil d'État a jugé qu'« un comportement politique n'est pas de nature à lui seul à justifier légalement l'expulsion d'un étranger dont la présence sur le territoire français ne constituerait pas une menace pour l'ordre public ou le crédit public » (CE, Ass. 13 mai 1977, *Perregaux*).

Enfin, on se bornera à rappeler qu'aussi bien la Déclaration des droits de 1789 que la loi du 9 décembre 1905 ont garanti à tous la *liberté religieuse.* Les étrangers disposent en France de la *liberté syndicale,* avec la possibilité d'être électeur et éligible dans l'entreprise. La *liberté d'association* s'exerce aujourd'hui sans discrimination selon la nationalité.

C) *Les droits économiques et sociaux.* – Ils varient beaucoup selon les législations nationales. S'agissant du *droit au travail,* la carte de résident en cours de validité délivrée à un étranger résidant sur le territoire de la France métropolitaine « confère à son titulaire le droit d'exercer, sur ce territoire, la profession de son choix, dans le cadre de la législation en vigueur » (art. L. 314-4). Les dérogations concernent essentiellement les industries participant à la défense nationale, l'accès à la fonction publique et de nombreuses activités particulières soumises à une condition de nationalité. Le droit au travail n'est pas subordonné à la délivrance préalable d'un titre de travail ; la qualité de réfugié conférant le droit d'obtenir une carte de résident en France, celle-ci vaut autorisation de travail (CE, 3 oct. 1990, *Office national d'immigration*). En cas de privation d'emploi salarié, les réfugiés bénéficient du régime d'assurance chômage conventionnel.

Au cours des dernières années, en matière de *protection sociale,* les réfugiés ont bénéficié de la plupart des droits sociaux accordés aux nationaux, qu'il s'agisse du revenu de solidarité active (RSA) ou de la couverture médicale universelle (CMU), sans condition de durée minimale de résidence en France. Ils sont obligatoirement assujettis à la Sécurité sociale dès lors qu'ils exercent une activité rémunérée. Ils peuvent acquérir des droits à l'assurance vieillesse moyennant versement de cotisations afférentes à des périodes d'activité dans le pays d'origine. La condition de nationalité a été levée pour certaines prestations à caractère non contributif.

On notera que, la loi ne le prévoyant pas, la délivrance de la carte de résident au réfugié n'est pas subordonnée aux preuves d'intégration républicaine requises par ailleurs : une connaissance suffisante de la langue française et des principes qui régissent la République française, acquise dans le cadre de la conclusion avec l'État d'un contrat d'accueil et d'intégration (art. L. 311-9 et L. 314-2). Toutefois, la loi prévoit que le réfugié qui a signé un tel contrat bénéficie d'un accompagnement personnalisé pour l'accès à l'emploi et au logement (art. L. 711-2).

La protection civile et les droits politiques, économiques et sociaux reconnus aux réfugiés doivent servir de référence pour les bénéficiaires de la protection subsidiaire. Toutefois, pour ces derniers, lorsque ces droits sont spécifiés, ils le sont généralement à la baisse et en tout état de cause leur promotion est rendue plus difficile et donc plus aléatoire en raison de la brièveté du titre de séjour qui leur est accordé. Ainsi, s'ils peuvent recevoir, depuis mars 2008, le revenu de solidarité active (RSA), le regroupement familial, parfois difficile pour les réfugiés, l'est encore davantage pour les bénéficiaires de la protection subsidiaire, tout comme l'accès à l'emploi et au logement.

3. **Les garanties en cas de renvoi.** – Elles sont prévues par diverses sources. En premier lieu par l'article 32 de la convention de Genève, qui subordonne l'expulsion du réfugié à des « raisons de sécurité nationale ou d'ordre public » et qui prévoit qu'elle « n'aura

lieu qu'en exécution d'une décision rendue conformément à la procédure prévue par la loi. Le réfugié devra, sauf si des raisons impérieuses de sécurité nationale s'y opposent, être admis à fournir des preuves tendant à le disculper, à présenter un recours et à se faire représenter à cet effet devant une autorité compétente ou devant une ou plusieurs personnes spécialement désignées par l'autorité compétente ». Un délai raisonnable devra lui être accordé pour lui permettre de chercher à se faire admettre régulièrement dans un autre pays.

Les réfugiés bénéficient également des garanties de droit commun qui, prévoyant l'expulsion de l'étranger lorsqu'il « constitue une menace grave pour l'ordre public » (art. L. 521-1), la soumet, sauf cas d'urgence absolue, à un certain nombre de conditions (art. L. 522-1 et L. 522-2) : l'étranger doit en « être préalablement avisé » et être « convoqué pour être entendu par une commission qui se réunit à la demande de l'autorité administrative », composée de magistrats de l'ordre judiciaire et de l'ordre administratif, qui adresse un avis motivé à l'autorité administrative compétente pour statuer, laquelle n'est pas liée par cet avis. L'avis est communiqué à l'intéressé. De nombreux cas d'interdiction d'expulsion sont prévus tenant à la situation familiale ou résidentielle de l'étranger en France et en faveur des mineurs de 18 ans (art. L. 521-2, L. 521-3 et L. 521-4). Enfin, si un étranger qui a fait l'objet d'un arrêté d'expulsion est prioritairement renvoyé vers le pays dont il a la nationalité, cela ne vaut pas si l'OFPRA ou la CNDA lui a reconnu le statut de réfugié ou s'il n'a pas été encore statué sur sa demande d'asile (CE, 1er avr. 1988, *Bereciartua Echarri*) ; par ailleurs, « un étranger ne peut être éloigné à destination d'un pays s'il établit que sa vie ou sa liberté y sont menacées ou qu'il y est exposé à des traitements contraires aux stipulations de l'article 3 de la convention européenne de sauvegarde des droits de l'homme et des libertés fondamentales du 4 novembre 1950 » : torture, peines ou traitements inhumains ou dégradants (art. L. 513-2 et L. 523-2).

Cela dit, la loi n° 2006-911 du 24 juillet 2006 a prévu que l'autorité administrative qui refuse la délivrance ou le renouvellement d'un titre de séjour à un étranger ou qui lui retire son titre de séjour, son récépissé de demande de carte de séjour ou son autorisation provisoire de séjour, pour un motif autre que l'existence d'une menace à l'ordre public, peut assortir sa décision d'une obligation de quitter le territoire français (OQTF), laquelle fixe le pays à destination duquel l'étranger sera renvoyé s'il ne respecte pas un délai de départ volontaire d'un mois (art. L. 511-1).

Le réfugié auquel il est fait application d'une des mesures prévues aux articles 31, 32 et 33 de la convention de Genève peut adresser une requête à la CNDA (L. 731-3).

DEUXIÈME PARTIE

L'OCTROI DE L'ASILE

Chapitre IV

LES MOTIFS DE PERSÉCUTION

Les motifs de l'asile de fait, de l'asile discrétionnaire, de l'asile temporaire n'appellent pas d'analyse particulière, puisqu'ils dépendent des circonstances ou de décisions souveraines de la puissance publique. L'asile au titre de l'unité de famille est induit, dans les limites indiquées, par la reconnaissance de la qualité de réfugié au principal requérant. Les motifs déterminants de cette reconnaissance sont ceux de la convention de Genève, qui constituent un ensemble de références valables au-delà du champ de la convention. Néanmoins, il est utile de distinguer les motifs de l'asile constitutionnel et ceux relatifs aux bénéficiaires de la protection subsidiaire car ils se réfèrent également à la notion de persécution. Les motifs de l'asile des réfugiés relevant du mandat du HCR sont pratiquement les mêmes que ceux de la convention.

I. – L'action en faveur de la liberté de l'asile constitutionnel

Comme on l'a vu, c'est la loi du 11 mai 1998 qui a restauré le droit constitutionnel à l'asile issu de la Révolution française en introduisant à l'article 2 de la loi du 25 juillet 1952 la reconnaissance de la qualité de réfugié aux combattants pour la liberté.

Elle a aussitôt été reconnue à un ressortissant algérien, militant du Rassemblement pour la culture et la démocratie (RCD), qui faisait état de persécutions par des groupes armés sans que ces agissements eussent été encouragés ou volontairement tolérés par les autorités publiques algériennes. La CRR a alors considéré que, « compte tenu des buts poursuivis et des moyens employés par le RCD au sein duquel il militait », l'intéressé pouvait être regardé comme persécuté en raison de son action en faveur de la liberté (CRR, 22 déc. 1998, *Haddadou*). Ultérieurement, elle a admis que cette qualité pouvait recouvrir une forme d'engagement ne revêtant pas nécessairement celle de l'engagement politique classique dans le cas d'un ressortissant algérien persécuté par des groupes armés islamistes en raison de son engagement volontaire dans un groupe d'autodéfense (CRR, SR, 25 juin 1999, *Zitouni*). Elle a également accueilli, par exemple : la présidente d'une association colombienne d'aide au logement menacée par des formations paramilitaires, un artiste peintre de nationalité bangladaise qui avait été torturé et avait vu ses œuvres détruites en raison des thèmes qu'il abordait, un enseignant en philosophie tchadien. Le motif d'action en faveur de la liberté est parfois invoqué de manière subsidiaire par rapport à une argumentation principale située sur le terrain de la convention de Genève, voire pour contourner un risque d'exclusion du bénéfice de la convention. En tout état de cause, l'action pour la liberté doit avoir été menée à un niveau suffisant. Ainsi a été rejetée la demande fondée sur ce motif d'un Algérien commerçant en cassettes de musique raï, contraint de fermer son magasin.

II. – Les motifs de crainte de persécution au sens de la convention de Genève

1. **La notion de persécution.** – La convention ne définit pas la persécution, laissant ainsi une large marge d'appréciation aux États. On peut néanmoins déduire de l'article 1 A.2 qu'un certain nombre de conditions générales doivent être réunies pour que l'on puisse parler de persécution : la personne qui demande la reconnaissance de la qualité de réfugié doit avoir quitté le pays dont elle a la nationalité et ne pouvoir ou ne vouloir se réclamer de sa protection ; elle doit craindre avec raison d'y être persécutée ; elle doit fonder sa demande sur l'un des cinq motifs analysés ci-après. La qualité de réfugié, à la différence de l'asile discrétionnaire, ne s'octroie pas, mais se reconnaît, ainsi que l'énonce l'article L. 711-1 du Code de l'entrée et du séjour des étrangers et du droit d'asile : « La qualité de réfugié est reconnue… » Il s'ensuit une rétroactivité de cette reconnaissance à la date de la demande, qui n'entraîne pas automatiquement la rétroactivité de tous les effets des droits reconnus.

La persécution doit revêtir un caractère personnel. L'invocation d'une situation générale ou de mesures non discriminatoires ne suffit pas à ouvrir droit à la qualité de réfugié, de même que la simple appartenance à une famille ou à un groupe ethnique, religieux ou social. Ainsi ont été écartées des demandes invoquant sans caractérisation personnelle : les bombardements de populations dans les Balkans, la situation de guerre civile au Liberia, l'instabilité et la violation des droits de l'homme en Algérie, l'absence de statut légal des transsexuels en Argentine, les luttes de clans en Somalie.

La persécution suppose un certain degré de gravité. Aussi ne sont pas retenues comme persécutions de simples gardes à vue, des brimades non accompagnées de mauvais traitements et non suivies de détentions, le non-renouvellement d'un passeport. En revanche, sont constitutifs de persécutions les violations systématiques des droits des musulmans par les milices serbes, des arrestations et détentions assorties de brutalités contre des femmes afghanes, le viol comme arme de guerre, des maltraitances répétées ne permettant pas à la personne qui en est victime de mener une existence normale. Il est également tenu compte du caractère disproportionné d'une sanction ou d'une condamnation au regard des faits reprochés.

C'est la crainte actuelle de persécution et les risques encourus qui doivent être considérés, et non les persécutions passées, même si celles-ci sont normalement prises en compte dans l'appréciation de la situation du demandeur d'asile, surtout si elles sont étayées par des documents produits à l'appui de la demande. Les craintes doivent être strictement rattachées aux motifs de la convention ; sont exclus les motifs d'ordre privé ou généraux. Les problèmes et risques encourus par des fonctionnaires de police dans l'exercice de leurs fonctions ne fondent pas des persécutions au sens de la convention (CRR, SR, 12 mars 1996, *Seddiki et Bouteraa*).

2. **Les opinions politiques.** – Contrairement à l'asile constitutionnel, l'asile conventionnel n'exige pas une action politique formellement concrétisée (action en faveur de la liberté). La crainte de persécution en raison d'opinions politiques s'apprécie de manière empirique. L'engagement politique public peut évidemment être à l'origine d'une persécution, mais le motif politique peut aussi ne correspondre à aucune manifestation d'opinion ; il suffit que le demandeur soit regardé par les autorités de son pays comme un opposant politique et que des craintes de persécution puissent naître de cette circonstance, la jurisprudence admettant la notion d'opinion politique imputée (CE, 27 avr. 1998, *Beltaïfa*). En outre, la qualité de réfugié n'est pas subordonnée à la condition que le comportement des autorités soit lui-même inspiré par l'un des motifs de la convention de Genève (CE, 24 févr. 1999, *Ait-Mohamed*) ; elle ne l'est pas non plus si, en dépit d'une absence apparente d'un tel motif, c'est cependant l'un d'eux qui explique le comportement des autorités, ainsi pour le défaut de protection par les autorités d'une prostituée dominicaine, fondé en réalité sur son origine ethnique (CRR, SR, 17 oct. 2003, *Mlle Mejia Suero*). Le motif politique, pour être retenu, doit revêtir une certaine importance et il dépend de l'état des libertés publiques dans le pays d'origine (la grève, par exemple, si ce droit y est interdit). Il l'est lorsqu'il s'extériorise selon des formes classiques interdites : activité militante dans un parti ou un mouvement politique d'opposition, distribution de tracts et collage d'affiches, soutien à des organisations combattantes, participation à des manifestations, rédaction d'ouvrages jugés subversifs. Les opinions politiques peuvent concerner des causes particulières comme la défense des droits de la femme ou bien d'une minorité ethnique ou nationale,

résulter des liens de la personne avec un régime déchu ou d'une parenté avec un opposant politique. Les sanctions de l'insoumission ou de la désertion peuvent elles-mêmes être regardées comme des persécutions dans la mesure où insoumission et désertion sont dictées par des motifs de conscience, tels que le refus de combattre des compatriotes dans l'ex-Yougoslavie (CRR, SR, 29 janv. 1993, *Sporea* et *Djukic*), malgré l'intervention d'une loi d'amnistie dont le bénéfice a été refusé au requérant (CRR, 11 oct. 2002, *Kosokar*).

3. **L'appartenance à une minorité nationale ou ethnique.** – Le contentieux des réfugiés ne distingue pas clairement ces deux notions car elles ne sont pas prises dans une acception stricte. L'évocation de la race par la convention ne doit évidemment pas valoir validation du concept, mais se réfère au mobile avoué ou non de l'auteur de persécution pour porter atteinte à un autre groupe que le sien, caractérisé par la langue, l'origine, la culture, l'ethnie. La nationalité n'est pas toujours la caractéristique d'une communauté de citoyens, mais peut recouvrir des identités fondées sur des appartenances ignorant les frontières des États.

Sont ainsi retenues comme persécutions à ce titre : des mesures administratives discriminatoires, des retraits de nationalité, des bannissements, des violences physiques, des mutilations sexuelles, des mises en esclavage fondées sur l'appartenance à des minorités ethniques. Les déportations de populations minoritaires et les opérations de « purification ethnique » entrent dans cette catégorie. Ces persécutions peuvent avoir pour cadre la vie publique en général, mais souvent l'armée ou la famille, en particulier dans les situations de mariages mixtes entre personnes appartenant à des minorités différentes. Elles peuvent aussi concerner les biens des personnes, par exemple en Mauritanie la spoliation de terres familiales d'un Soninké par des Maures.

Pour autant, la crainte de persécution personnelle pour ce motif doit être établie et présenter un certain degré de gravité, la simple appartenance à une minorité nationale ou ethnique ne suffisant pas : tchétchène en Russie, rom en Hongrie, azérie en Arménie.

4. **La confession religieuse.** – Il s'agit de protéger la liberté religieuse consacrée notamment par la Déclaration universelle des droits de l'homme de 1948, qui suppose, d'une part, de pouvoir choisir librement une religion et, d'autre part, de pouvoir la pratiquer sans entrave. Le concept de religion est, là aussi, entendu de façon large et comprend aussi bien les croyances théistes que l'appartenance à certaines sectes, voire la profession d'athéisme dans la mesure où ces motifs sont à l'origine des craintes de persécution d'une gravité suffisante (confiscation de biens, pillage, agression) pour être retenus. Le principe de laïcité, qui suppose en outre la neutralité de l'État, ne constitue pas une référence en raison du grand nombre d'États théocratiques.

On retrouve ici encore de nombreux cas de mariages mixtes entre époux de confessions différentes, comme le cas d'une musulmane ayant épousé un bouddhiste en Mongolie. Mais les entraves à la liberté religieuse, qui ne peuvent trouver de justification dans des préoccupations de maintien de l'ordre public, sont extrêmement diverses et visent, par exemple : les Témoins de Jéhovah en Afrique, les adeptes de la secte Falun Gong en Chine, les minorités juives dans de nombreux pays, les femmes refusant de porter le voile islamique en Iran.

De simples entraves à la pratique religieuse ou des difficultés d'insertion pour des raisons de différences religieuses ne sont pas suffisantes pour être regardées comme des persécutions.

5. **L'appartenance à un certain groupe social.** – Il s'agit d'une notion peu claire que les jurisprudences des différents pays se sont efforcées de préciser et de circonscrire tout en préférant parfois se prononcer sur un terrain différent lorsque d'autres motifs, notamment politiques, sont simultanément invoqués. Le droit européen et le droit des pays anglo-saxons retiennent une définition large, mettant surtout l'accent sur les caractéristiques communes des groupes pouvant correspondre aussi bien à des caractères immuables (le sexe) qu'à des attitudes de défense de la dignité humaine (les droits de l'homme) ou l'appartenance à une classe ou à une caste. La directive européenne dite « qualification » (chap. IX) a proposé la définition suivante : « Un groupe est considéré comme un certain groupe social lorsque, en particulier : – ses membres partagent une caractéristique innée ou une histoire commune qui ne peut être modifiée, ou encore une caractéristique ou une croyance à ce point essentielle pour l'identité ou la conscience qu'il ne devrait pas être exigé qu'une personne qu'elle y renonce, et – ce groupe a son identité propre dans le pays en question parce qu'il est perçu comme étant différent par la société environnante. »

La conception française du « certain groupe social » est plus restrictive. Elle retient également la notion de caractéristiques communes identifiables socialement qui peuvent être objectives ou subjectives, ce dernier cas devant correspondre à des éléments essentiels de l'identité. Mais elle insiste surtout, outre la visibilité extérieure, sur la persécution à laquelle est exposé ce groupe et qui, en quelque sorte, l'identifie.

Dans le passé, avaient été reconnus comme pouvant faire partie d'un certain groupe social au sens de la convention de Genève : des ressortissants du Vietnam ou de la Chine en raison de leurs origines sociales jugées contre-révolutionnaires, d'anciens dignitaires iraniens sous le régime du Shah, dans certaines conditions des femmes maliennes entendant se soustraire à la pratique rituelle de l'excision (CRR, 18 sept. 1991, *Mlle Diop*). Concernant un transsexuel algérien, le Conseil d'État a considéré que l'on devait rechercher si la situation des transsexuels en Algérie permettait de « regarder ces derniers comme constituant un groupe dont les membres seraient, en raison de caractéristiques communes qui les définissent aux yeux des autorités et de la société algérienne, susceptibles d'être exposés à des persécutions » (CE, 23 juin 1997, *O.*).

Par la suite, ont été considérées comme faisant partie d'un tel groupe des personnes revendiquant leur homosexualité, compte tenu des conditions existant dans ces pays, au Sénégal, en Éthiopie, voire en Russie « en dépit de la dépénalisation de l'homosexualité dans la Fédération de Russie » (CRR, 26 nov. 2002, *Trofimov*). Elle a considéré qu'appartenaient bien à un groupe social des parents maliens exposés, en raison de leur refus de soumettre leur fille à la pratique de l'excision, à des violences tolérées par les autorités publiques et risquant que leur enfant soit excisée contre leur volonté (CRR, SR, 7 déc. 2001, *Époux Sissoko*), de même que les femmes d'origine kurde refusant des mariages imposés dans l'est de la Turquie (CRR, SR, 4 mars 2005, *Mme Ayten Tas*CRR), un ressortissant de la République démocratique du Congo en raison de son albinisme (CNDA, 28 avr. 2009, *K. T.*).

Cette reconnaissance n'a pas été admise pour les parents contrevenant en Chine à la législation interdisant d'avoir plus d'un enfant, pas davantage pour les femmes algériennes protestant de façon générale contre le sort fait aux femmes dans leur pays, les victimes de la catastrophe nucléaire de Tchernobyl, les femmes maliennes refusant le mariage forcé, les femmes divorcées de confession orthodoxe en Ouzbékistan. Mais il est intéressant de noter que, tout en refusant la reconnaissance de la qualité de réfugié ou le bénéfice de la protection subsidiaire (les faits ne pouvant être tenus pour établis) à une Camerounaise, la CRR a opéré une distinction des conditions requises pour l'attribution de l'une ou l'autre protection en considérant que si les femmes qui refusent un mariage imposé, c'est-à-dire conclu sans leur libre et plein consentement, dont l'attitude est perçue par tout ou partie de la société comme transgressive des lois et coutumes en vigueur et qui s'exposent de ce fait à des persécutions contre lesquelles les autorités publiques refusent ou ne sont pas en mesure de les protéger, doivent être considérées comme appartenant à un groupe social, lorsque ces conditions ne sont pas réunies et notamment lorsque leur comportement n'est pas perçu comme transgressif de l'ordre social, elles demeurent néanmoins susceptibles d'être exposées à des traitements inhumains et dégradants (CRR, SR, 29 juill. 2005, *Mlle Lucy Tabe*).

III. – Les menaces graves de la protection subsidiaire

Par rapport à l'asile territorial auquel la protection subsidiaire a fait suite le 1er janvier 2004, la menace pour la liberté disparaît tandis que la menace pour la vie est élargie.

La gravité et le caractère personnel de la persécution sont appréciés dans le même esprit que pour l'asile conventionnel, mais les mobiles des menaces graves sont nécessairement différents, puisque la protection subsidiaire est accordée à toute personne faisant l'objet de ces menaces qui ne remplit pas les conditions du statut de réfugié. Elle est en progression forte en France et majoritaire au sein de l'Union européenne. La jurisprudence a commencé à préciser les motifs spécifiques de la protection subsidiaire. Il s'agit, par exemple, de motifs coutumiers que les autorités des pays d'origine, sans nécessairement les approuver, sont impuissantes à empêcher et qui ne pourraient être pris en compte par l'asile conventionnel qu'au prix d'une dénaturation excessive. On peut également évoquer des motifs liés à l'activité des mafias (racket, enlèvement) et aux réseaux de prostitution sans protection possible des autorités publiques. À titre d'exemples, concernant le risque de peine de mort : une Iranienne victime d'une procédure de répudiation susceptible d'entraîner sa condamnation à la lapidation ; en ce qui concerne des risques de traitements inhumains ou dégradants : un inspecteur de police moldave pour avoir constaté la participation de son supérieur hiérarchique à un trafic, une jeune fille mauritanienne soumise à un mariage forcé et maltraitée, un Afghan ayant le statut d'enfant naturel, la veuve d'un combattant tchétchène ; s'agissant d'une menace directe et individuelle en raison d'une violence généralisée résultant d'une situation de conflit armé : un Soudanais poursuivi par les milices Janjawids au Darfour, une Somalienne isolée sans protection, en tout état de cause, le cas des jeunes enfants menacés d'excision relève bien de la protection subsidiaire (CNDA, 9 juin 2009, *H.*). La CNDA a également été amenée à annuler une décision de l'OFPRA ayant accordé la protection subsidiaire à une requérante algérienne pour lui substituer la qualité de réfugiée parce qu'elle était considérée par les autorités comme une opposante politique (CRR, SR, 17 déc. 2004, Mme *Kahoul ép. Louahche*). Inversement, elle a refusé de reconnaître la qualité de réfugié au titre de l'appartenance à un certain groupe social à une mère de nationalité malienne et à ses filles du fait de leur refus des pratiques de l'excision et ne leur a accordé que la protection subsidiaire au motif que les filles étaient nées en France (CNDA, SR, 12 mars 2009, *Mme Diarra ép. Kouyaté* ; CNDA, SR, 12 mars 2009, *Mlles Hélène et Irène Kouyaté*).

Chapitre V

LES AUTEURS DE PERSÉCUTIONS

Outre l'institution de la protection subsidiaire, les trois innovations majeures introduites dans la législation relative au droit d'asile par la loi du 10 décembre 2003 concernent les notions de persécutions exercées par des acteurs non étatiques, d'asile interne et de pays d'origine sûr. Les deux premières ont été pertinemment regroupées.

I. – Les autorités étatiques

« Les persécutions prises en compte dans l'octroi de la qualité de réfugié et les menaces graves pouvant donner lieu au bénéfice de la protection subsidiaire peuvent être le fait des autorités de l'État, de partis ou d'organisations qui contrôlent l'État ou une partie substantielle du territoire de l'État, ou d'acteurs non étatiques dans les cas où les autorités définies à l'alinéa suivant refusent ou ne sont pas en mesure d'offrir une protection. Les autorités susceptibles d'offrir une protection peuvent être les autorités de l'État et des organisations internationales et régionales » (art. L. 713-2).

1. **Les autorités de l'État.** – La convention de Genève situe l'origine de la crainte de persécution dans le pays dont le demandeur d'asile a la nationalité, ou

subsidiairement sa résidence habituelle. C'est donc, en premier lieu, de la part des autorités de l'État que ses ressortissants sont en droit d'escompter une protection. Il y a persécution si les violences invoquées sont imputables à une autorité constitutive de l'État. Les autorités généralement considérées sont les administrations chargées du maintien de l'ordre et de la sûreté de l'État : armée, police, services spéciaux. Si les persécutions imputées à ces autorités sont établies et qu'elles correspondent aux motifs de la convention de Genève, aux critères du HCR ou de l'asile constitutionnel, elles fondent le droit à l'asile et à la reconnaissance de la qualité de réfugié. Encore faut-il que l'intéressé puisse exercer effectivement les droits et obligations attachés à la possession de la nationalité (CE, 3 nov. 2004, *Bhutia*). En cas de multinationalité, le raisonnement vaut au regard de chaque nationalité : un requérant possédant une double nationalité ne peut bénéficier à son profit du principe de l'unité de famille lorsque la protection de son autre pays de nationalité ne lui fait pas défaut (CE, 23 févr. 2009, *OFPRA C. B.*)

2. **Les organisations qui contrôlent l'État.** – Les persécutions peuvent ne pas être directement imputables aux autorités de l'État mais être le fait de partis ou d'organisations qui contrôlent l'État ou une partie substantielle du territoire de l'État. Les liens entre l'État et les agents de persécution peuvent être plus ou moins étroits. Il peut s'agir des forces politiques organisées qui soutiennent directement l'appareil d'État, ou bien de polices parallèles et de formations liées à l'État sans lui être formellement rattachées. La persécution peut même être le fait de particuliers s'il apparaît qu'elle a été en réalité pratiquée en connivence

avec l'autorité étatique comme l'a précisé le Conseil d'État au sujet d'un Irakien de la minorité assyro-chaldéenne et de religion chrétienne : « Des persécutions exercées par des particuliers, organisés ou non, peuvent être retenues, dès lors qu'elles sont en fait encouragées ou tolérées volontairement par l'autorité publique de sorte que l'intéressé n'est pas effectivement en mesure de se réclamer de la protection de celle-ci » (CE, 27 mai 1983, *Dankha*).

Le demandeur d'asile doit cependant établir qu'il a bien fait les démarches nécessaires pour obtenir cette protection : dépôt de plainte auprès d'autorités qualifiées, succession de demandes demeurées sans suite, et il est tenu compte tant du niveau hiérarchique de l'autorité sollicitée que du niveau culturel du demandeur. Dans des circonstances de fait d'une particulière gravité, il peut être admis qu'une personne n'ait à aucun moment cherché à obtenir la protection des autorités car elle aurait été vaine, voire dangereuse pour l'intéressé (CRR, SR, 6 oct. 1997, *Bouziani*).

II. – Les acteurs non étatiques

1. **Les autorités de fait.** – La notion d'autorité de fait correspond à la situation où un conflit éclate sur un territoire, soit à l'occasion d'une rébellion interne de caractère politique, ethnique ou religieux, soit dans le cas d'une invasion par les forces d'un autre pays occupant une partie du territoire. Les autorités légales du pays se trouvent alors limitées et déstabilisées, et les forces rebelles ou d'occupation peuvent être amenées à entreprendre l'administration des territoires qu'elles occupent et à se constituer sur ces territoires en autorités quasi étatiques, en autorités de fait.

Le problème de l'existence d'autorités de fait s'est notamment posé à propos de la situation existant dans certains États issus de l'ex-Yougoslavie. De nombreux demandeurs d'asile en provenance de Bosnie et de Croatie invoquaient des persécutions de la part de milices serbes qui sévissaient dans ces pays. Ces milices n'étaient évidemment pas encouragées et tolérées par les autorités bosniaques et croates, qui, pendant la guerre, étaient en lutte armée contre elles. La CRR a alors considéré que ces milices dépendaient d'autorités de fait établies dans ces territoires et qui étaient, en Bosnie, la République serbe autoproclamée de Bosnie (CRR, SR, 12 févr. 1993, *Dzebric*) et, en Croatie, la République serbe autoproclamée de Krajina (CRR, SR, 12 févr. 1993, *Dujic*). Elle a ensuite admis la présence d'autorités de fait en Afghanistan (CRR, SR, 26 oct. 1994, *M*^{me} *Khairsad*), au Sud-Liban (CRR, SR, 5 juill. 1996, *Yaacoub*), au Somaliland, au nord-ouest de la Somalie (CRR, SR, 27 juin 1997, *Jama Shide*) et en Irak (CRR, 22 mai 2002, *Mohamed Ahmed*). Dans ces décisions est souvent mentionnée l'impossibilité d'obtenir une protection « en un autre endroit du territoire national », ce qui montre la liaison étroite existant entre les notions d'autorité de fait et d'asile interne.

La notion d'autorité de fait suppose un minimum d'organisation cohérente, une zone identifiable et une stabilité relative de cette autorité. À l'instar des autorités étatiques, les autorités de fait doivent donc présenter un certain degré d'effectivité pour être regardées comme autorités de protection et, à défaut, de persécution. Ce n'est pas le cas lorsqu'il n'existe aucune autorité susceptible d'accorder cette protection dans une situation d'anarchie.

2. **Les autres agents de persécution.** – Outre le fait que la convention de Genève n'impose pas que soit identifié un auteur de persécution, la loi ne précise pas non plus la nature des acteurs non étatiques susceptibles d'être regardés comme agents de persécution au-delà des autorités de fait. L'obligation de moyens associée au devoir de protection des autorités étatiques ou non étatiques évolue ainsi en obligation de résultat, quel que soit l'agent de persécution. Mais la persécution peut parfois être détachée du devoir de protection de l'État comme dans le cas de l'asile accordé en raison de l'exceptionnelle gravité des persécutions passées qui ne dépend que des souffrances physiques ou morales encore éprouvées par la victime. C'est aussi le cas de l'asile constitutionnel, pour lequel compte avant tout le but poursuivi : l'action en faveur de la liberté, quel que soit l'agent de persécution. Selon le même raisonnement, l'ineffectivité ou l'inefficacité constatée de la protection peut permettre à ce type de situation d'être également éligible à l'asile conventionnel.

Enfin, les organisations internationales et régionales des autorités étant reconnues susceptibles d'offrir une protection, on relèvera que la CRR a anticipé cette disposition par la jurisprudence dite « Kosovo ». Elle a pris acte, dans une décision qui reprend nombre des problèmes qui viennent d'être évoqués, que, conformément à la résolution n° 1244 adoptée par le Conseil de sécurité des Nations Unies le 10 juin 1999, une force internationale de sécurité, la KFOR, a été chargée du maintien de l'ordre et de la sécurité au Kosovo et que s'est mise en place à compter du 15 juillet 1999 la Mission intérimaire des Nations Unies, la MINUK, dotée de larges pouvoirs d'administration. Elle en a déduit que les personnes appartenant à la communauté albanaise ne pouvaient plus être regardées, de façon générale, comme craignant avec raison des persécutions de la part des forces de la République fédérale de Yougoslavie et comme ne pouvant se réclamer de la protection des autorités aujourd'hui investies du pouvoir au Kosovo en vertu d'un mandat des Nations Unies (CRR, SR, 17 nov. 1999, *Hadzikadri*). Toutefois, par exception, elle a constaté que les structures locales paragouvernementales préexistantes n'avaient pas encore été éradiquées et que la sécurité de la communauté albanaise ne pouvait être encore assurée dans le nord de Mitrovica. Elle en a déduit que, si le requérant pouvait normalement trouver refuge au sud de Mitrovica ou dans la région de Pristina, il s'y était trouvé exposé aux représailles d'anciens éléments de l'UCK et, dans les circonstances de l'espèce, sans protection ; que, dans ces conditions, il était fondé à se prévaloir de la qualité de réfugié (CRR, SR, 18 avr. 2003, *Morina*). Cette analyse a été reprise dans d'autres parties de la région.

III. – L'asile interne

« Peut être rejetée la demande d'asile d'une personne qui aurait accès à une protection sur une partie du territoire de son pays d'origine si cette personne n'a aucune raison de craindre d'y être persécutée ou d'y être exposée à une atteinte grave et s'il est raisonnable d'estimer qu'elle peut rester dans cette partie du pays. Il est tenu compte des conditions générales prévalant dans cette partie du territoire, de la situation personnelle du demandeur ainsi que de l'auteur de la persécution au moment où il est statué sur la demande d'asile » (art. L. 713-3).

C'est donc la possibilité, pour la personne qui subit une persécution dans son pays d'origine, de trouver refuge dans une partie de ce pays avant de solliciter l'asile auprès d'un pays d'accueil. L'introduction, dans la loi, de cette possibilité a répondu à plusieurs objectifs : la limitation du recours à la protection internationale, nationale ou auprès d'États tiers, l'abandon de l'exclusivité du critère jurisprudentiel de l'origine étatique des persécutions, l'alignement de la politique française sur les pratiques de la plupart des pays européens.

La notion d'asile interne n'est pas mentionnée par la convention de Genève, mais la Cour européenne des droits de l'homme a retenu cette problématique en condamnant le Royaume-Uni pour le refoulement d'un ressortissant sikh de l'Inde vers la région de son choix dans ce pays (CEDH, 15 nov. 1996, *Chahal C/ RU*). De nombreux pays d'accueil ont admis la notion d'asile ou de fuite interne dans leur réglementation, ou l'ont développée de façon originale dans leur jurisprudence. En France, ont été écartées – et, par conséquent, retenue la notion d'asile interne – la demande d'un Colombien victime des farc dans sa région, mais ne pouvant soutenir qu'il ne pourrait obtenir ailleurs la protection des autorités publiques colombiennes (CRR, 31 mars 2003, *Escobar Osorio*), d'une Moldave de la République sécessionniste autoproclamée de Transnistrie qui n'établissait nullement qu'elle n'aurait pas accès à une protection dans la capitale moldave Chisinau (CRR, 30 mars 2006, *M*[lle] *Nacu*). À l'inverse, on a considéré qu'un Ivoirien ne pouvait raisonnablement trouver refuge dans le nord de son pays contrôlé militairement par l'Alliance des forces nouvelles (CRR, 16 févr. 2007, *Traore*).

L'introduction de l'asile interne dans la loi soulève de délicats problèmes d'appréciation sur la situation particulière des régions ou localités des pays d'origine concernées, alors que la situation globale de ces pays n'est pas toujours connue avec sûreté. Le Conseil constitutionnel, dans sa décision du 4 décembre 2003 sur la loi du 10 décembre 2003 qui lui avait été déférée, a précisé qu'il doit s'agir d'une zone « substantielle ». La protection envisagée doit être caractérisée, c'est-à-dire non seulement ne pas comporter de crainte de persécution, mais faire état de moyens permettant au demandeur de disposer durablement de conditions de vie acceptables. Il a également précisé que, « dans les cas où la loi envisage la protection pouvant être apportée par des organisations internationales ou régionales présentes sur place, il appartient à l'Office et, le cas échéant, à la Commission des recours des réfugiés de déterminer si ces organisations offrent au demandeur une protection effective ». La loi précise que la personne ne peut se voir opposer la possibilité d'un asile interne que s'il est « raisonnable d'estimer qu'elle peut rester dans cette partie du pays » (L. 713-3), ce qui peut signifier à la limite qu'elle doit pouvoir y disposer d'un logement et y obtenir un emploi. Le caractère raisonnable peut ainsi donner lieu à une appréciation très prudente du risque encouru (CRR, SR, 25 juin 2004, *Boubrima*). Il a, en outre, précisé que, même lorsqu'un demandeur est susceptible d'avoir accès à une partie du territoire de son pays d'origine, « la loi donne seulement à l'Office la faculté de refuser l'asile et ne lui en fait nullement obligation ». Il ressort clairement de la rédaction de la loi que la charge de la preuve incombe à l'OFPRA, qui doit tenir compte « des conditions générales prévalant dans cette partie du territoire, de la situation personnelle du demandeur ainsi que de l'auteur de la persécution au moment où il statue sur la demande d'asile ». L'asile interne concerne tant la reconnaissance de la qualité de réfugié que l'octroi de la protection subsidiaire.

IV. – Les pays d'origine sûrs

La loi du 10 décembre 2003 a anticipé sur la législation communautaire pour introduire en droit interne la notion de « pays d'origine sûrs » ainsi définis : « Un pays est considéré comme tel s'il veille au respect des principes de la liberté, de la démocratie et de l'état de droit, ainsi que des droits de l'homme et des libertés fondamentales. La prise en compte du caractère sûr du pays d'origine ne peut faire obstacle à l'examen individuel de chaque demande » (art. L. 741-4, 2°). Le concept a pour but de faire échec au détournement de la procédure d'asile par des ressortissants de pays où la législation en place permet de présumer que les personnes qui ont la nationalité de ces pays sont en mesure d'y vivre sans crainte de persécution et que, par conséquent, leur demande d'asile n'est pas justifiée.

L'OFPRA statue par priorité sur la demande d'asile lorsque le document provisoire de séjour est refusé ou retiré, ou son renouvellement refusé au motif que le demandeur a la nationalité d'un pays considéré comme sûr. L'intéressé dispose du droit de rester en France pendant cet examen (art. L. 742-6). Par sa décision du 4 décembre 2003 précitée, le Conseil constitutionnel a également jugé que la liste des pays considérés comme sûrs pourra faire l'objet d'un recours pour excès de pouvoir, qu'ainsi une telle liste « ne liera pas la Commission des recours des réfugiés dans l'appréciation à laquelle elle se livre de la situation de chaque demandeur d'asile ; que, dès lors, la disposition critiquée ne porte pas atteinte à l'indépendance de la Commission des recours des réfugiés vis-à-vis de l'Office français de protection des réfugiés et apatrides qui constitue une garantie essentielle du droit d'asile ».

Une liste de ces pays devait être arrêtée au niveau communautaire, mais les contradictions entre États membres n'ont pu être surmontées (chap. IX). Il a été soutenu par ailleurs que la notion de pays d'origine sûr serait contraire à la clause de non-discrimination de l'article 3 de la convention de Genève. Le principe d'une liste de « pays extrêmement sûrs » a néanmoins été retenu à la demande de l'Allemagne ; il s'agit de pays voisins de l'Union européenne, généralement membres du Conseil de l'Europe ; elle sera établie par le Conseil des ministres. La demande d'un étranger en provenance de ces pays pourra, dans certains États membres, être jugée irrecevable ou faire, comme en France, l'objet d'une procédure accélérée. La France a refusé la notion de « pays tiers sûr » comme elle l'avait déjà fait antérieurement pour un requérant auquel la CRR avait opposé un séjour en Autriche et la possibilité pour l'intéressé d'y retourner (CE, 27 mars 1981, *Chin Wei*).

Le conseil d'administration de l'OFPRA a établi une liste de 17 pays entrant dans cette catégorie : Albanie, Bénin, Bosnie-Herzégovine, Cap-Vert, Croatie, Géorgie, Ghana, Inde, Macédoine, Madagascar, Mali, Maurice, Mongolie, Niger, Sénégal, Tanzanie, Ukraine. Le Conseil d'État a censuré l'inscription de l'Albanie et du Niger au motif qu'ils ne présentaient pas cette caractéristique eu égard à l'instabilité du contexte politique et social de ces pays. Lors de son conseil d'administration du 13 novembre 2009, l'OFPRA a retiré de la liste la Géorgie et ajouté l'Arménie, la Serbie et la Turquie. Mais par une nouvelle décision du 23 juillet 2010, le Conseil d'État a retiré de la liste l'Arménie, Madagascar, la Turquie, le Mali (seulement dans ce cas pour les femmes).

Par ailleurs, les États membres de l'Union européenne sont considérés comme pays d'origine sûrs les uns vis-à-vis des autres. Toute demande présentée par un ressortissant d'un État membre à un autre État membre ne peut être prise en considération ou déclarée admissible pour instruction que dans un nombre limité de cas (protocole n° 24 du traité sur le fonctionnement de l'Union européenne).

Chapitre VI

LE REFUS DE L'ASILE

L'asile est refusé aux demandeurs qui ne se situent pas dans les champs des différentes catégories d'asile distinguées, mais qui invoquent d'autres motifs, d'ordre économique par exemple. L'asile est également refusé aux requérants dont la demande évoque des faits qui ne sont pas établis et des craintes de persécution qui n'apparaissent pas fondées, c'est-à-dire qui ne répondent pas aux conditions posées dans les chapitres précédents. Mais, en dehors de ces cas qui n'appellent pas de développements particuliers, il convient d'examiner les situations d'exclusion de la qualité de réfugié ou de bénéficiaire de la protection subsidiaire. Les diverses circonstances de cessation de ces statuts et leur remise en cause prétorienne sont plutôt des retraits de statut, ils seront néanmoins examinés dans ce chapitre.

I. – L'exclusion

Les clauses de non-application ou d'exclusion de la qualité de réfugié sont mentionnées aux § D, E et F de l'article 1er de la convention de Genève. Elles sont opposables aux demandeurs d'asile mais non aux personnes qui ont déjà la qualité de réfugié, auxquelles peuvent s'appliquer en revanche les dispositions relatives à la cessation du statut du § C.

Les stipulations de l'article 1 D et 1 E de la convention de Genève expriment le caractère subsidiaire de la protection de la convention : elle n'intervient qu'à défaut d'une autre protection qui, elle-même, se substitue à celle du pays dont le demandeur d'asile a la nationalité.

Ainsi, le § D prévoit que la convention n'est pas applicable aux « personnes qui bénéficient actuellement d'une protection ou d'une assistance de la part d'un organisme ou d'une institution des Nations Unies autre que le haut-commissaire des Nations Unies pour les réfugiés ». Il s'agit essentiellement des Palestiniens assistés par l'UNRWA (CE, 23 juill. 2010, *OFPRA c. M. A.*). Dans le même esprit, aux termes du § E, la convention n'est pas applicable à « une personne considérée par les autorités compétentes du pays dans lequel cette personne a établi sa résidence comme ayant les droits et les obligations attachés à la possession de la nationalité de ce pays ». Cela suppose que la protection du pays de résidence soit effective.

Ces dispositions sont rarement utilisées. D'une tout autre nature sont les clauses d'exclusion qui figurent au § F de la convention. Elles sont fondées sur l'indignité du demandeur d'asile.

Les personnes susceptibles de se voir opposer ces clauses d'exclusion, l'instruction ayant permis de supposer leur implication dans des actes répréhensibles, peuvent faire valoir qu'elles ont des raisons sérieuses de craindre des persécutions en cas de retour dans leur pays. Aussi, si la clause d'exclusion est finalement écartée, elles pourront d'autant plus aisément se voir reconnaître la qualité de réfugié ou accorder la protection subsidiaire. L'exclusion doit donc être appréciée avec une grande prudence. Elle permet d'éviter que le droit d'asile soit utilisé par une personne qui a commis des actes condamnables pour se soustraire à la justice. La qualification de l'exclusion doit donc tenir compte de la gravité des faits, du degré d'implication de la personne, de la proportionnalité des moyens employés, de l'existence d'autres moyens d'action, de l'importance des contraintes, de la nature des victimes, etc. Le principe de l'unité de famille ne s'applique pas à un demandeur d'asile exclu (CRR, SR, 26 oct. 1994, *M. K.*).

Sont exclues les personnes « dont on a des raisons sérieuses de penser » qu'elles se sont rendues coupables des actes suivants.

1. **Un crime contre la paix, un crime de guerre ou un crime contre l'humanité (art. 1 F. *a*).** – La qualification se fait par référence aux instruments internationaux, en particulier la convention pour la prévention et la répression du crime de génocide et les statuts des tribunaux pénaux internationaux (Nuremberg, ex-Yougoslavie, Rwanda), en dernier lieu le Statut de Rome de la Cour pénale internationale du 17 juillet 1998 entré en vigueur le 1er juillet 2002. L'appréciation des faits n'est pas liée à la qualification que le juge pénal peut retenir en droit interne pour de tels actes, ni à la présomption d'innocence dont pourrait se prévaloir le requérant (CE, ssr, 15 mai 1996, *Ressaf*). Cette clause a concerné à l'origine un ressortissant polonais, chef de bloc au camp de Birkenau. Plus récemment, elle a été opposée à des demandeurs d'asile hutus en provenance du Rwanda ayant eu une responsabilité dans les massacres de Tutsis en 1994 : un responsable de l'organisation des massacres (CE, 18 janv. 2006, *OFPRA c/ Tegera*), le directeur d'une société publique dont les revenus avaient contribué à financer les achats d'armes, un journaliste de Radio-Rwanda ayant développé à l'antenne

des thèses extrémistes, la veuve du président rwandais (CRR, 15 févr. 2007, *M*[me] *Kanziga Vve Habyarimana*). Au titre de crime de guerre a été rejetée la demande d'un officier russe qui avait participé, en 1985 en Afghanistan et en 1995 en Tchétchénie, à des massacres de populations civiles contre rémunération, malgré une désertion tardive pour motifs de conscience (CRR, 5 mai 1997, *Galimov*). La jurisprudence n'a pas eu à se prononcer sur des crimes contre la paix.

2. **Un crime grave de droit commun (art. 1 F. *b*).** – Il s'agit de crimes commis par des personnes « en dehors du pays d'accueil avant d'y être admises comme réfugiées », le but de l'exclusion étant d'éviter que les personnes ayant commis de tels crimes utilisent la demande d'asile dans l'intention d'éviter les condamnations sanctionnant leurs actes. La question s'est posée de savoir si, en dépit d'une rédaction claire de la disposition, les crimes commis dans le pays d'accueil ne pouvaient également être pris en compte. Le Conseil d'État a jugé que, « si la commission d'un crime sur le territoire du pays d'accueil par un demandeur du statut de réfugié est passible de sanctions pénales et peut, le cas échéant, entraîner une expulsion dans les conditions prévues par les stipulations des articles 32 et 33 de la convention de Genève, elle n'est pas au nombre des motifs pouvant légalement justifier un refus de reconnaissance de la qualité de réfugié par application des stipulations du *b)* du § F de l'article 1er de la convention de Genève » (CE, Sect. 25 sept. 1998, *Rajkumar*). La notion de crime grave de droit commun doit s'apprécier selon sa qualification internationale et ne saurait trouver sa justification dans le cadre du combat politique mené par le demandeur d'asile. Ainsi, les activités terroristes, qu'elles concernent la

préparation ou l'exécution des attentats, tombent sous le coup de la clause d'exclusion quelle qu'en soit la motivation. Le Conseil d'État a, dès 1980, considéré à propos d'un membre des « Black Panthers », Melvin Mac Nair, qui avait détourné un avion et demandé l'asile en France, que, « en admettant que le détournement d'avion dont M. Mac Nair Melvin s'est rendu coupable aurait pu avoir un motif politique, cette circonstance ne saurait impliquer que les poursuites auxquelles s'exposent ses auteurs soient constitutives d'une persécution » (CE, 18 avr. 1980, *Mac Nair*). Depuis, cette clause d'exclusion a trouvé à s'appliquer dans la plupart des conflits susceptibles d'être à l'origine des demandes d'asile : ainsi, à l'encontre d'un membre fondateur du pkk en Turquie, organisation ayant usé de méthodes terroristes contre la population civile (CRR, SR, 9 janv. 2003, *Altun*). Toutefois, la jurisprudence a reconnu l'existence de clauses d'exonération pour les mineurs auteurs de faits susceptibles de les exclure de toute protection, dès lors qu'ils s'étaient trouvés dans une situation de particulière vulnérabilité (CRR, 28 janv. 2005, *Camara*).

3. **Des agissements contraires aux buts et aux principes des Nations Unies (art. 1 F. *c*).** – Ces agissements ne se distinguent pas toujours clairement des actes retenus par les deux catégories précédentes. Ceux de la première catégorie sont aussi « contraires aux buts et principes des Nations Unies ». Il est fait application de l'article 1 F. *c* à des personnes qui ont exercé des fonctions de responsabilité dans des États où ont été commises d'importantes violations des droits de l'homme, à des responsables d'organismes qui ont eu recours à des méthodes répressives inhumaines au service de pouvoirs dictatoriaux. Il a été fait application de l'article 1 F. *c*

à l'ancien président d'Haïti Duvalier (CRR, 18 juill. 1986, *Duvalier*) ; il s'est également appliqué à l'ancien président d'Anjouan, Mohamed Bacar, « en raison de ses fonctions de chef de l'État » (CNDA, 3 déc. 2008, *Bacar*). La jurisprudence a étendu les agissements pris en compte au titre de cet article à ceux de simples exécutants qui se sont livrés à des exactions, à la délation. La clause s'est appliquée, entre autres, à un responsable du régime des Khmers rouges, à un dirigeant du ministère de la Sécurité nationale en Afghanistan, à un officier garde du corps du président Mobutu, à un ingénieur naval d'une unité d'élite du ltte au Sri Lanka (CNDA, SR, 27 juin 2008, *Mathivannan*). L'implication personnelle est nécessaire : la simple adhésion à un régime politique où se seraient produits des faits relevant de l'article 1 F. *c* ne suffit pas (CE, SSR, 25 mars 1998, *Mahboub*).

Par analogie avec les dispositions de l'article 1 F de la convention de Genève, le Code de l'entrée et du séjour des étrangers et du droit d'asile prévoit que « la protection subsidiaire n'est pas accordée à une personne s'il existe des raisons sérieuses de penser : *a)* qu'elle a commis un crime contre la paix, un crime de guerre ou un crime contre l'humanité ; *b)* qu'elle a commis un crime grave de droit commun ; *c)* qu'elle s'est rendue coupable d'agissements contraires aux buts et principes des Nations Unies ; *d)* que son activité sur le territoire constitue une menace grave pour l'ordre public, la sécurité publique ou la sûreté de l'État » (art. L. 712-2).

II. – La cessation

La protection du réfugié ayant un caractère subsidiaire vis-à-vis de la protection nationale, en général celle de l'État d'origine du réfugié, cette qualité est appelée à cesser lorsque l'intéressé, par un acte volontaire ou en raison des circonstances, retrouve une protection nationale. L'article 1 C de la convention de Genève prévoit un certain nombre de cas de cessation. Cela ne signifie pas pour autant la perte du titre de séjour qui peut alors changer de nature. En vertu du principe de l'autorité de la chose jugée, seule l'intervention de faits postérieurs permet à l'OFPRA d'opposer la déchéance de la qualité de réfugié. Dans tous les cas, la déchéance motivée décidée par l'OFPRA, qui a la charge de la preuve, peut faire l'objet d'un recours devant la CNDA.

1. **L'allégeance au pays d'origine (1 C. 1, 2, 4).** – Le cas le plus simple est celui d'une personne reconnue réfugiée qui « s'est volontairement réclamée à nouveau de la protection du pays dont elle a la nationalité » (art. 1 C. 1). Il s'agit d'apprécier les faits et les intentions car une telle présomption n'est pas irréfragable (CE, 13 janv. 1989, *Thevarayan*). Des séjours fréquents du réfugié dans son pays d'origine sans raison impérieuse mettent en doute l'utilité de la protection internationale assumée par le pays d'accueil. En revanche, une démarche de caractère administratif effectuée en vue de constituer un dossier requis par l'administration, telle que la demande d'un Turc effectuée une fois et par erreur auprès du consulat général de Turquie à Paris, ou bien un acte banal comme une escale aérienne pour un ressortissant zaïrois (CRR, SR, 21 nov. 1997, *Luntala Luz*), ne constituent pas des motifs de cessation du statut. Il reste au réfugié à prouver que, par de tels actes lorsqu'ils sont établis, il n'a pas fait allégeance à son pays d'origine. Aussi, cette preuve n'étant pas rapportée, de nombreux recours contre des décisions de cessation de l'OFPRA sont rejetés, concernant,

par exemple, un mariage contracté devant les autorités consulaires de son pays d'origine (CRR, SR, 18 juill. 1997, *Dogan*). La cessation est *a fortiori* applicable à toute personne réfugiée si, « ayant perdu sa nationalité, elle l'a volontairement recouvrée » (art. 1 C. 2) ; toutefois, il faut qu'elle puisse effectivement retourner dans son pays.

Il est encore mis fin à la protection de la personne si « elle est retournée volontairement s'établir dans le pays qu'elle a quitté ou hors duquel elle est demeurée de crainte d'être persécutée » (art. 1 C. 4). C'est évidemment une autre forme d'allégeance. Il ne peut s'agir d'un simple séjour qui devrait être apprécié selon les dispositions ci-dessus (art. 1 C. 1), mais d'un établissement de plein gré d'une certaine durée. Le statut a ainsi été retiré à une Tchadienne reconnue réfugiée en 1988, qui est retournée dans son pays où elle a résidé de façon permanente depuis 1992 (CRR, 9 oct. 2001, *M*[me] *Moussa*). Ce critère ne peut pour autant être retenu pour un refus d'asile (CE, SSR, 25 nov. 1998, *Ilinca*).

2. **L'acquisition d'une nouvelle nationalité (1 C. 3).** – La qualité de réfugié est retirée à la personne réfugiée « si elle a acquis une nouvelle nationalité et jouit de la protection du pays dont elle a acquis la nationalité ». C'est un cas voisin de celui de la personne qui recouvre volontairement sa nationalité après l'avoir perdue (art. 1 C. 2). Cette clause a été appliquée à des réfugiés juifs qui avaient gagné Israël après la Seconde Guerre mondiale (CRR, 30 avr. 1954, *Breitholz*). Plus récemment, cette disposition a trouvé application pour un réfugié de nationalité bulgare ayant acquis, postérieurement à son admission au statut, la nationalité turque (CRR, 19 déc. 1994, *Mustafov*).

3. **Le changement des circonstances (1 C. 5, 6).** – La qualité de réfugié cesse d'être reconnue à toute personne si, « les circonstances à la suite desquelles elle a été reconnue comme réfugiée ayant cessé d'exister, elle ne peut plus continuer de refuser de se réclamer de la protection du pays dont elle a la nationalité », sauf, comme nous l'avons vu, « raisons impérieuses tenant à des persécutions antérieures » (art. 1 C. 5). Cette disposition s'applique de la même façon à « la personne qui n'a pas de nationalité, si, les circonstances à la suite desquelles elle a été reconnue comme réfugiée ayant cessé d'exister, elle est en mesure de retourner dans le pays dans lequel elle avait sa résidence habituelle » (art. 1 C. 6). Il revient à chaque État d'apprécier l'importance de ces changements politiques qui doivent apparaître durables et fondamentaux. Ces changements sont de l'ordre de l'accession à l'indépendance des pays anciennement colonisés ou appartenant au bloc soviétique, de la fin de certaines dictatures (Espagne, Chili, Uruguay, Guinée) et concernent les pays pris dans leur ensemble sans que l'on entre dans des considérations locales. Pour autant, ces circonstances générales ne dispensent pas le juge de l'asile d'examiner concrètement les circonstances de faits susceptibles de nourrir les craintes personnelles de requérants s'opposant à une décision de retrait de leur statut. Ainsi a-t-on mis fin au statut d'un réfugié espagnol en se fondant sur la démocratisation du régime de son pays, y compris en tenant compte de la situation particulière du Pays basque (CE, 2 mars 1984, *Mugica Garmendia*) ; à celui d'un Sud-Africain du fait de la démocratisation de son pays (CRR, 29 mars 2004, *Brown*).

En ce qui concerne la protection subsidiaire, à chaque échéance son bénéfice peut être refusé lorsque les conditions ayant justifié son octroi ont cessé d'exister ou ont connu un changement suffisamment profond pour que celle-ci ne soit plus justifiée.

III. – La remise en cause prétorienne

1. **Le retrait pour fraude.** – La fraude est dans de nombreux pays une cause de retrait du statut de réfugié, bien que cette cause de cessation du statut n'ait pas été envisagée par la convention de Genève, tandis que le HCR prévoit le cas d'annulation du statut pour fraude. En France, le retrait pour fraude se fonde sur l'application au contentieux du droit d'asile des principes gouvernant le retrait des actes administratifs. La décision d'octroi du statut sur la base de moyens frauduleux ne peut avoir créé de droits et peut, de ce fait, être retirée à tout moment. Le Conseil d'État a dégagé deux conditions de remise en cause du statut de réfugié d'un demandeur fraudeur : d'une part, la fraude doit avoir porté sur « des éléments essentiels à l'appréciation de son cas » ; d'autre part, le requérant « doit dès lors être regardé comme ayant consciemment tenté de tromper l'OFPRA sur sa situation réelle » (CE, 26 févr. 1996, *Mercan*). L'acte frauduleux ne peut évidemment être confondu avec une simple erreur ou une omission involontaire. Quant à l'intention de tromper, elle peut consister, par exemple, en la dissimulation de faits qui auraient conduit à l'exclusion de l'asile s'ils avaient été connus au moment de la décision ; en la production de faux documents ou de déclarations mensongères ayant eu un impact significatif sur l'octroi du statut ; dans le dépôt de plusieurs demandes d'asile sous des identités différentes. C'est à l'administration de rapporter la preuve de la fraude, mais les conditions de remise en

cause sont différentes selon que le statut a été accordé par l'OFPRA ou la CNDA (le cas échéant par le Conseil d'État).

L'OFPRA prononce ainsi le retrait pour fraude commise en vue de la reconnaissance de la qualité de réfugié, mais, dans le cas de présentation de deux demandes sous deux identités différentes, la fraude affectant l'une des deux demandes n'a pas d'effet sur l'autre demande s'il n'y a pas d'élément permettant de contester l'identité sous laquelle la décision d'éligibilité au statut a été prise (CRR, 2 juill. 1990, *Kikwakwa*).

La CNDA applique les mêmes principes ; toutefois, lorsque la qualité de réfugié a été obtenue par décision de la cour, le principe d'autorité absolue de la chose jugée, déjà évoqué en matière de cessation, fait obstacle à ce que le directeur de l'OFPRA procède au retrait d'une telle décision obtenue sur la base d'une fraude antérieure à ladite décision. En revanche, la CNDA peut procéder, à l'occasion d'un recours contre une décision erronée de retrait du directeur de l'OFPRA, à une substitution de motifs et considérer, par exemple, au moment où elle statue à nouveau, que « les circonstances à la suite desquelles l'intéressée a été reconnue réfugiée doivent être regardées comme ayant cessé d'exister », par exemple pour une requérante ghanéenne reconnue réfugiée en 1992 (CRR, SR, 24 oct. 1997, *Opoku*). En outre, existe la possibilité d'un recours en révision devant la CNDA (R. 733-6).

2. **La cessation pour changement de situation individuelle.** – Elle peut être regardée comme le résultat d'une interprétation extensive du changement de circonstances de l'article 1 C. 5 de la convention. Toutefois, elle ne concerne en réalité que la conséquence pour

l'ayant droit d'un réfugié au titre de l'unité de famille de la rupture du lien familial ou de la perte du statut du réfugié à titre principal pour l'une des causes précédemment examinées. À cet égard, la jurisprudence française apparaît restrictive par rapport au HCR qui estime que la qualité de réfugié reconnue à une personne au titre de l'unité de famille n'est pas affectée par un divorce, une séparation ou un décès. À l'inverse, la jurisprudence française considère que la qualité de réfugié reconnue au titre de l'unité de famille est perdue pour l'ayant droit conjoint ou concubin lorsque le lien familial est rompu, tandis que la séparation des parents n'affecte pas le statut des enfants mineurs. Elle est perdue dans les mêmes conditions pour l'ayant droit en cas de déchéance du statut du réfugié à titre principal, sauf si l'ayant droit peut faire valoir un motif personnel de crainte de persécution. Ainsi, il a été mis fin, lors de sa majorité, au statut de réfugié d'une ressortissante de la République démocratique du Congo, sous tutelle, qui l'avait obtenu au titre de l'unité de famille et qui ne pouvait faire état de craintes personnelles de persécution (CRR, 3 févr. 2000, *Mlle Sumbu Matundu*). Pour autant, la qualité de réfugié reconnue à l'enfant mineur d'un réfugié sur le fondement de l'unité de famille est conservée à la survenance de sa majorité (CRR, SR, 10 oct. 2000, *Moua*). De même, l'acquisition de la nationalité française n'a pas pour effet de priver le réfugié des droits qu'il tenait de ce statut et en particulier de la protection accordée à son enfant venu le rejoindre alors qu'il était mineur (CRR, SR, 18 juill. 2006, *Mlle Nazare Gomes Betuncal*). On relèvera, enfin, une décision particulièrement rigoureuse concernant une requérante zaïroise : la circonstance, lors d'un divorce, que l'autorité parentale sur les enfants mineurs nés du mariage (lesquels conservent leur qualité de réfugiés) ait été confiée à l'épouse a été jugée sans influence sur la perte par celle-ci de son statut de réfugiée bien qu'elle ait été chargée de leur éducation et de leur entretien. Le bénéfice du principe de l'unité de famille ne s'applique pas « en cascade », il doit procéder du bénéficiaire à titre personnel. Le Conseil d'État a toutefois précisé que le retrait du titre de réfugié « n'a pas par lui-même pour effet de provoquer son éloignement du territoire français » (CE, 25 nov. 1998, *Niangi*).

3. **La cessation pour motifs de police.** – La CRR a cru pouvoir se fonder sur les dispositions de l'article 33-2 de la convention de Genève autorisant la remise aux autorités de son pays d'origine du réfugié qu'« il y aura des raisons sérieuses de considérer comme un danger pour la sécurité du pays où il se trouve ou qui, ayant été l'objet d'une condamnation définitive pour un crime ou délit particulièrement grave, constitue une menace pour la communauté dudit pays » dans le cas d'un ressortissant laotien ayant fait l'objet d'une double condamnation en France pour trafic de stupéfiants (CRR, SR, 16 avr. 1993, *Pham*). Cette décision a été cassée par le Conseil d'État au motif que la disposition précitée de la convention de Genève « n'implique pas que le bénéfice du statut de réfugié de l'étranger puisse, sur son fondement, lui être retiré » (CE, 21 mai 1997, *Pham*). Dans le cas prévu par l'article 33-2 précité, après retrait de la protection, il appartient à l'autorité de police de décider, sous le contrôle du juge administratif de droit commun, s'il y a lieu d'expulser l'étranger.

TROISIÈME PARTIE

LA RÉALITÉ DE L'ASILE

Chapitre VII

LA PROCÉDURE DE RECONNAISSANCE

La demande d'asile peut se faire à partir du pays d'origine ou d'un pays tiers et permettre la délivrance par les autorités consulaires d'un visa de long séjour, mais plus généralement le demandeur formule sa demande à l'intérieur du pays dont il sollicite l'accueil, qu'il y soit entré régulièrement ou non. Seule une minorité se présente à la frontière avec cet objectif. L'engagement de la procédure d'asile permet normalement l'admission au séjour temporaire dans l'attente de la décision administrative de l'OFPRA ou juridictionnelle de la CNDA, sauf si la demande est traitée en procédure prioritaire qui n'ouvre pas droit au recours suspensif. Le parcours est souvent éprouvant pour le demandeur, et la décision représente un exercice délicat pour l'autorité administrative et pour le juge.

I. – De la demande d'asile à la décision de l'Office français de protection des réfugiés et apatrides

1. **L'entrée sur le territoire.** – Pour le demandeur qui se présente à la frontière, il convient de vérifier que sa demande d'asile n'est pas « manifestement infondée » au sens donné à cette notion par la décision du Conseil constitutionnel du 25 février 1992. Il peut alors être placé en zone d'attente, le temps que les autorités chargées du contrôle aux frontières statuent sur sa demande d'admission sur le territoire au titre de l'asile, sur avis d'un agent de l'OFPRA, ce qui ne peut être effectué que par référence aux critères retenus par les différentes formes d'asile, en premier lieu ceux de la convention de Genève. Cet examen est encadré avec précision pour respecter les principes constitutionnels, d'une part la protection des libertés individuelles par l'autorité judiciaire, d'autre part le caractère non arbitraire de la détention, ce qui conduit à une limitation des délais permettant de vérifier que la demande n'est pas manifestement infondée. Ainsi, selon les dispositions des articles L. 222-1 à L. 222-4 du Code de l'entrée et du séjour des étrangers et du droit d'asile, la durée de placement en zone d'attente a été fixée à un maximum de quatre jours, le procureur de la République devant être informé sans délai. Seule l'autorité judiciaire peut prolonger le délai initial de huit jours, délai renouvelable, à titre exceptionnel pour une même durée ; toutefois, si l'étranger dépose une demande dans les six derniers jours de cette nouvelle période, celle-ci est prolongée d'office de six jours à compter du jour de la demande. Soit au total un délai maximal de placement en zone d'attente de vingt-six jours. Pendant cette période, le demandeur d'asile

dispose en principe d'un certain nombre de garanties (assistance d'un interprète et d'un médecin, droit de communiquer avec un conseil ou toute personne de son choix et de quitter la zone d'attente pour une destination hors de France). Le demandeur peut exercer un recours en annulation devant le juge administratif contre la décision de placement en zone d'attente et contre la décision judiciaire de prolongation. Il peut surtout exercer un recours contre la décision de refus d'entrée au motif que sa demande n'est pas manifestement infondée ou pour un vice de procédure. Ce recours n'avait pas été conçu comme devant être suspensif, ce qui a entraîné la condamnation de la France devant la CEDH sur requête d'un demandeur, car, « n'ayant pas eu accès en "zone d'attente" à un recours de plein droit suspensif, le requérant n'a pas disposé d'un recours "effectif" pour faire valoir son grief tiré de l'article 3 de la convention » (CEDH, 26 avr. 2007, *Gebremedhin c/ France*). À la suite de cela, la loi n° 2007-1631 du 20 novembre 2007 a prévu la possibilité d'un recours suspensif dans les quarante-huit heures suivant la notification du refus d'entrée sur le territoire, la décision du juge devant intervenir dans les soixante-douze heures – recours exclusif de toute autre forme de recours (L. 213-9). Cette décision est elle-même susceptible d'appel dans un délai de quinze jours devant le président de la cour administrative d'appel ou un magistrat désigné par ce dernier. Cet appel n'est pas suspensif. Si le refus d'entrée au titre de l'asile est annulé, comme dans le cas où un avis positif a été émis à la suite de la période maximale de vingt-six jours précitée, il est mis fin au maintien en zone d'attente et l'étranger est autorisé à entrer en France muni d'un visa de régularisation de huit jours qui va lui donner la possibilité de se rendre en préfecture où lui sera délivrée une autorisation provisoire de séjour lui permettant de déposer sa demande d'asile auprès de l'OFPRA. Selon le ministère de l'Intérieur, le taux d'admission, toutes raisons confondues, est très variable ; en 2007, au titre de la demande d'asile, il était de 44,4 % du total des demandes.

Des amendes ont été prévues à l'encontre des entreprises de transport aérien, maritime ou routier qui acheminent sur le territoire français un étranger démuni des documents de voyage et visas requis. Le législateur a cependant prévu des exemptions de ces sanctions : lorsque l'étranger a été admis sur le territoire français au titre d'une demande d'asile qui n'était pas manifestement infondée et lorsque l'entreprise de transport établit que les documents requis lui ont été présentés au moment de l'embarquement et qu'ils ne comportaient pas d'éléments d'irrégularité manifeste (art. L. 625-1 à L. 625-6).

2. **L'admission au séjour.** – Il ne revient pas aux services de préfecture d'apprécier le bien-fondé de la demande d'asile d'un étranger se trouvant sur le territoire français, qu'il y soit entré régulièrement ou non. L'admission au séjour « ne peut être refusée au seul motif que l'étranger est démuni des documents et des visas mentionnés à l'article L. 211-1 » (art. L. 741-3). En revanche, depuis le 15 janvier 2003, est entré en vigueur Eurodac, le système européen dactyloscopique de comparaison d'empreintes digitales, dont le but est de renforcer l'efficacité du dispositif Dublin II en détectant immédiatement, par simple consultation électronique, les demandes d'asile multiples.

Lorsqu'il est admis au séjour, le demandeur se voit remettre une autorisation provisoire de séjour valable un mois lui permettant de déposer une demande d'asile auprès de l'OFPRA. Selon les dispositions de l'article L. 741-4, l'admission au séjour ne peut être refusée que si : 1/ l'examen de la demande relève de la compétence d'un autre État de l'Union européenne en application du règlement du Conseil du 18 février 2003 (Dublin II, chap. IX) ; 2/ l'étranger a la nationalité d'un pays pour lequel il est considéré que les circonstances qui conduisaient à reconnaître la qualité de réfugié ont cessé d'exister (art. 1 C. 5 de la convention de Genève) ou d'un pays d'origine considéré comme sûr ; 3/ la présence en France de l'étranger constitue une menace grave pour l'ordre public, la sécurité publique ou la sûreté de l'État ; 4/ la demande d'asile repose sur une fraude délibérée ou constitue un recours abusif. Il est encore précisé que « les dispositions du présent article ne font pas obstacle au droit souverain de l'État d'accorder l'asile à toute personne qui se trouverait néanmoins dans l'un des cas mentionnés aux 1 à 4 ». Après le dépôt de sa demande d'asile, le demandeur se voit délivrer un « récépissé constatant le dépôt d'une demande d'asile » valable trois mois et renouvelable jusqu'à ce que l'OFPRA ou, le cas échéant, la CNDA statue. Si ce document est retiré ou refusé lorsqu'il apparaît que, postérieurement à sa demande, l'étranger se trouve dans l'un des cas évoqués aux points 1 à 4 précités, l'OFPRA statue par priorité sur la demande d'asile dans un délai de quinze jours ramené à quatre-vingt-seize heures lorsque le demandeur d'asile est placé en rétention administrative et qui ne dispose, dans ce cas, que d'un délai de cinq jours à compter de la notification des droits qu'il peut exercer en matière de demande d'asile (L. 551-3). Durant cette période, l'étranger ne bénéficie pas de l'ata (chap. II) et la procédure devant la CNDA n'a pas un caractère suspensif.

S'agissant plus particulièrement du point 1 relatif à l'application des règles de Dublin II (définition de l'État responsable), l'Office peut être dessaisi ou s'autodessaisir et la procédure de la saisine de l'État responsable être enclenchée. En revanche, la CNDA se reconnaît compétente pour statuer sur ces demandes dès lors que le représentant de l'État n'a pas refusé l'admission au séjour sur le fondement du point 1 susmentionné (CRR, SR, 23 févr. 2001, *M. et M*[me] *Keklicekpirani et M. et M*[me] *Terzi*).

3. **La décision de l'OFPRA.** – La demande d'asile doit être rédigée en français sur un imprimé établi par l'Office ; elle doit être complète, signée et être accompagnée de deux photos d'identité récentes, le cas échéant du document de voyage et de la copie du document de séjour en cours de validité. La demande complète doit être enregistrée dans le délai de vingt et un jours ; le demandeur en est informé. L'information sur les procédures doit également lui être fournie dans une langue qu'il peut comprendre. L'OFPRA statue sur la demande d'asile au terme d'une instruction unique au cours de laquelle le demandeur est mis en mesure de présenter les éléments à l'appui de sa demande. Il convoque notamment le demandeur à une audition dont il peut se dispenser pour diverses raisons : s'il s'apprête à prendre une décision positive à partir des éléments en sa possession, s'il se trouve dans les conditions précitées de cessation des circonstances conduisant à l'octroi de l'asile, si les éléments fournis sont manifestement infondés, si des raisons médicales interdisent de procéder à l'entretien. L'Office notifie sa décision au demandeur d'asile ; s'il s'agit d'un rejet, celui-ci doit être motivé en fait et en droit et préciser les voies et délais de recours. Aucune

décision ne peut naître du silence gardé par l'Office. Le demandeur d'asile dispose d'un délai d'un mois à compter de la notification du refus de renouvellement ou du retrait de son autorisation de séjour pour quitter volontairement le territoire français, sauf s'il forme un recours devant la CNDA contre la décision de l'OFPRA. Il peut aussi, à la suite d'une décision de rejet devenue définitive, soumettre à l'OFPRA des éléments nouveaux ; il doit alors engager une nouvelle procédure, mais cette fois dans un délai de huit jours à compter de la remise du document provisoire de séjour. Le directeur de l'OFPRA décide alors, dans les quatre-vingt-seize heures suivant l'enregistrement de la demande, s'il y a lieu de procéder à un nouvel examen. Le silence gardé par le directeur général au terme de ce délai vaut rejet de la demande. La recevabilité de la demande de réexamen entraîne la réadmission au séjour. L'OFPRA dispose alors de quinze jours pour statuer.

Un recours contre une nouvelle décision négative de l'OFPRA ne peut être examiné au fond par la juridiction que si le requérant invoque des faits intervenus postérieurement à la précédente décision de la CNDA, ou dont il est établi qu'il n'a pu en avoir connaissance que postérieurement à cette décision et susceptibles, s'ils sont établis, de justifier les craintes de persécution qu'il déclare éprouver. Si ces conditions sont réunies, la cour se prononce sur le recours en tenant compte de l'ensemble des faits invoqués dans sa nouvelle demande, y compris ceux déjà examinés par la cour (CNDA, SR, 4 nov. 2010, *Mme B. F.)*.

Les décisions de rejet sont transmises par le directeur général de l'OFPRA au ministère chargé de l'asile. Si celui-ci le demande, des documents d'état civil ou de voyage permettant d'établir la nationalité de la personne dont la demande d'asile a été rejetée (ou, à défaut, une copie de ces documents), sont communiqués par le directeur général de l'OFPRA à des agents habilités, à la condition que cette communication s'avère nécessaire à la mise en œuvre d'une mesure d'éloignement et qu'elle ne porte pas atteinte à la sécurité de la personne ou de ses proches.

II. – Le recours devant la Cour nationale du droit d'asile

1. La compétence de la CNDA. – La CNDA est une juridiction administrative spécialisée devant laquelle doivent être observées toutes les règles générales de procédure (CE, 26 nov. 2003, *Celik*) : délais, contradictoire, identités, etc. Elle statue en plein contentieux sur les recours formés contre les décisions de l'OFPRA accordant ou refusant l'asile (CE, Sect., 8 janv. 1982, *Aldena Barreña*) ainsi que celles qui retirent ou mettent fin à l'asile. Elle statue aussi sur les recours en révision dans les cas où il est soutenu que la décision de la CNDA a résulté d'une fraude, le requérant devant cependant avoir été partie ou représenté à l'instance (CRR, SR, 1er juill. 2005, *Préfet de l'Ain*). Elle se prononce sur les recours formés contre les décisions portant rejet d'une demande de réexamen. Elle examine également les requêtes qui lui sont adressées par les réfugiés visés par l'une des mesures prévues par les articles 31, 32 et 33 de la convention de Genève et formule un avis quant au maintien ou à l'annulation de ces mesures ; ce recours est suspensif, mais il doit être exercé dans un délai d'une semaine.

Elle n'a pas à connaître des décisions de l'OFPRA refusant à un étranger la qualité d'apatride (CE, 9 oct.

1981, *Subramaniam Selvam*). Elle n'est pas non plus compétente pour juger le refus d'enregistrement de la demande d'asile par le directeur général de l'OFPRA (CE, 9 mars 2005, *Moinuddin*). Ces contentieux relèvent de la juridiction administrative de droit commun.

2. **L'instruction.** – Le recours du demandeur d'asile doit contenir tous les éléments d'état civil le concernant et l'exposé des moyens invoqués à l'appui de sa demande, qui doit être accompagnée de toutes les pièces de nature à en établir le bien-fondé. À peine d'irrecevabilité, le recours doit être exercé dans un délai d'un mois à compter de la notification de la décision expresse de l'Office ; ce délai est porté à deux mois après la découverte de la fraude dans le cas du recours en révision précédemment évoqué. La liste des recours étant communiquée à l'OFPRA, les dossiers des requérants détenus par l'Office doivent être transmis à la CNDA dans un délai de quinze jours. Le dossier est tenu à la disposition de l'avocat du requérant. Le directeur général de l'OFPRA peut demander communication du recours afin de présenter ses observations dans un délai d'un mois ; mais, s'il apparaît au vu du recours que la solution est d'ores et déjà certaine, le président de la CNDA peut décider qu'il n'y a pas lieu de communiquer le dossier. Lorsque l'affaire est en état, le président de la CNDA peut, par ordonnance non motivée et non susceptible de recours, fixer la date de clôture de l'instruction. Le requérant et l'Office doivent en être informés au moins quinze jours avant la date de clôture arrêtée. Si le président de la formation de jugement n'a pas pris une ordonnance de clôture, l'instruction est close trois jours francs avant la date de l'audience indiquée dans l'avis d'audience, qui est notifié aux parties sept jours

au moins avant l'audience. Lorsqu'un recours est susceptible de faire l'objet d'une ordonnance, le requérant doit être informé que son dossier est à sa disposition au greffe (CE, 10 déc. 2008, *Islam*). Une réouverture de l'instruction peut être opérée dans les mêmes conditions que la clôture. Dans le cas des recours contre des mesures prises par application des articles 31, 32 et 33 de la convention (décision de restriction de séjour ou d'expulsion), la requête est immédiatement communiquée au ministre de l'Intérieur et au ministre chargé de l'asile qui doivent produire leurs observations dans un délai de dix jours.

Un rapporteur est alors chargé de l'étude de l'affaire.

3. **Le jugement.** – Le président de la CNDA et les présidents de section peuvent, par ordonnance, régler les affaires dont la nature ne justifie pas l'intervention d'une formation collégiale. Ainsi, ils peuvent donner acte des désistements, constater qu'il n'y a pas lieu de statuer sur un recours et rejeter les recours entachés d'une irrecevabilité manifeste non susceptible d'être couverte en cours d'instance. Depuis 2004, ils peuvent également statuer sur les demandes qui ne présentent aucun élément sérieux susceptible de remettre en cause les motifs de la décision du directeur général de l'OFPRA. Dans ce dernier cas, une ordonnance ne peut être prise qu'après étude du dossier par un rapporteur et après que le requérant a été informé qu'il peut consulter son dossier notamment le compte rendu d'entretien de l'OFPRA. Ces nouvelles ordonnances se sont développées à partir du moment où les décisions attaquées de l'Office ont fait mention du caractère « manifestement infondé » de la demande (chap. VIII).

Les audiences des formations collégiales de jugement de la CNDA dont la composition a été décrite au chapitre II sont publiques. Le président de la formation de jugement veille à l'ordre de l'audience (R. 733-17). Lorsque les circonstances l'exigent, de manière discrétionnaire et à titre exceptionnel il peut ordonner que l'audience se tienne à huis clos « si la sauvegarde de l'ordre public ou le respect de l'intimité des personnes ou de secrets protégés par la loi l'exige » (L. 731-1 du Code de la justice administrative). Il statue sur les demandes de renvoi à une audience ultérieure présentées par les parties. Celles-ci peuvent présenter leurs observations à la cour et s'y faire assister d'un conseil et d'un interprète (plus d'une centaine de langues). Le rapporteur chargé de l'instruction de l'affaire rapporte en séance publique mais n'a pas voix délibérative. La cour peut prescrire toute mesure d'instruction qu'elle juge utile, ordonner la comparution personnelle du requérant et entendre le directeur de l'OFPRA ou son représentant. Elle prend sa décision au cours d'un délibéré qui n'est pas public, mais auquel assiste le rapporteur. Le juge doit prendre connaissance des notes en délibéré postérieures à la clôture de l'instruction.

Les décisions de la CNDA sont motivées ; elles sont lues en audience publique. La minute de chaque décision est signée par le président de la formation de jugement et par le secrétaire général de la CNDA ou par un chef de service. Le secrétaire général notifie la décision au requérant et au directeur général de l'Office. Il informe simultanément du caractère positif ou négatif de cette décision le préfet compétent et, à Paris, le préfet de police, ainsi que le directeur de l'OFII.

Dans le cas de recours contre les décisions de restriction de séjour ou d'expulsion, la CNDA formule un avis motivé sur le maintien ou l'annulation de la mesure ; cet avis est transmis sans délai au ministre chargé de l'asile par lettre recommandée avec demande d'avis de réception.

Le recours en cassation des décisions de la CNDA devant le Conseil d'État, étant de droit commun, n'appelle pas d'analyse particulière. Les pourvois en cassation n'ont pas d'effet suspensif. Le Conseil d'État ne contrôle pas la valeur probante des pièces du dossier ni l'appréciation des faits qui relèvent de l'appréciation souveraine de la CNDA.

III. – La formation de la conviction du juge

1. **L'établissement des faits.** – Le juge dispose d'un certain nombre de données qui se présentent généralement de manière disparate. Il s'agit en premier lieu du récit consigné dans le document imprimé de la demande présentée à l'OFPRA. Puis le compte rendu de l'entretien du requérant avec l'officier de protection de l'OFPRA donne le moyen de préciser la teneur de la demande et notamment la chronologie des faits. Le recours présenté devant la CNDA contre la décision de rejet du directeur général de l'Office permet au requérant de répliquer à la motivation de ce dernier et d'apporter des informations complémentaires. Le juge doit alors replacer l'ensemble de ces données dans les contextes des pays d'origine, dont il doit avoir la meilleure connaissance possible. Il dispose pour cela d'une documentation réunie et régulièrement mise à jour, et il peut s'adresser (tout comme l'OFPRA) aux ambassades ou consulats des pays considérés, *via* le ministère des Affaires étrangères, pour compléter son information sur des points qu'il estime essentiels.

L'audience fournit l'occasion à la formation de jugement, sur la base du rapport présenté, d'interroger le requérant pour l'amener à préciser ses déclarations antérieures, les mettre en cohérence, étayer son raisonnement au regard des exigences de justification posées par les différentes catégories d'asile. À cette fin, la possibilité de se faire assister d'un avocat est une aide importante.

2. **L'évaluation du risque de persécution.** – À supposer les faits établis, il reste à apprécier s'ils s'inscrivent dans les champs définis par les différentes catégories d'asile. À défaut, la requête est considérée hors champ et rejetée pour ce motif. Il convient ensuite de vérifier si la demande ne tombe pas sous le coup de l'une des clauses d'exclusion prévues. L'appréciation des faits est spécifique des différentes catégories d'asile. Des questions délicates se posent alors au juge.

D'abord, parce que les faits sont rarement établis avec certitude. On admettra qu'il est peu probable que le demandeur d'asile ait pu à un moment ou à un autre obtenir d'une autorité qualifiée de son pays d'origine une attestation de torture, et les certificats médicaux délivrés ultérieurement ne peuvent témoigner que d'une certaine compatibilité entre les déclarations de l'intéressé et des séquelles relevées cliniquement. La principale préoccupation d'un étranger quittant son pays de crainte d'y être persécuté n'est pas prioritairement de se charger de documents qui pourraient d'ailleurs lui faire courir les plus grands risques en cas d'interception.

Ensuite, sur le fond, les marges de qualification et d'interprétation sont très larges. Des difficultés peuvent aussi surgir tenant aux différences culturelles ; ainsi, le principe selon lequel nul n'est pénalement responsable que de son propre fait est loin d'être respecté dans de nombreux pays d'origine des demandeurs, où les appartenances de famille, de clan, d'ethnie, de religion, de parti sont des motifs courants de persécution en dehors de toute action personnelle. Le degré d'instruction (beaucoup de requérants sont analphabètes), la conscience de l'enjeu (un minimum de connaissance des règles et d'intelligibilité de la procédure) et la plus ou moins grande pertinence des interventions de leurs conseils sont également sources d'inégalité des chances devant la formation de jugement.

Enfin, l'évolution du droit d'asile n'a pas permis, jusqu'à présent, d'apporter des réponses pleinement satisfaisantes concernant des questions relatives aussi bien aux motifs de persécution qu'à leurs auteurs. Le droit existant reste marqué d'une incertitude qui contraste avec la situation parfois dramatique des demandeurs d'asile. Certains se sont hasardés à avancer une méthode multicritère d'évaluation, tel Jean-Yves Carlier dans l'ouvrage *Qu'est-ce qu'un réfugié ?*, sous la dénomination de « théorie des trois échelles », consistant à répondre de façon graduée à trois questions prises séparément, puis ensemble : À partir de quand y a-t-il risque ? À partir de quand y a-t-il persécution ? À partir de quand le risque de persécution est-il établi ?

Chapitre VIII

LA STATISTIQUE DE L'ASILE

Les séquelles de la disparition des empires coloniaux et de l'effondrement du bloc soviétique, l'exacerbation des revendications identitaires régionales ou nationales, l'expansion des fondamentalismes à base religieuse ou ethnique, les inégalités croissantes du développement économique marquent l'évolution des flux des demandeurs d'asile et, plus généralement, des phénomènes migratoires. Ces facteurs conduisent les pays d'accueil à réaménager leurs réglementations du droit d'asile sur les plans à la fois national et international. L'ensemble de ces éléments a d'importantes conséquences sur l'activité des organismes administratifs et juridictionnels chargés d'appliquer le droit d'asile.

Les flux de l'asile sont susceptibles de varier fortement d'une année à l'autre. Les dates de publication des statistiques par les organismes concernés sont très différentes pour une année donnée. Il convient donc de procéder aux actualisations nécessaires en se reportant aux sites figurant à la fin de l'ouvrage.

I. – Données générales

Le HCR a compté fin 2009 quelque 43,3 millions de personnes déplacées dans le monde dont 10,4 millions de réfugiés sous sa responsabilité et près d'un million de demandeurs d'asile. Mentionnons également quelque 4,8 millions de réfugiés palestiniens qui relèvent de l'*United Nations Relief and Work Agency (UNRWA),* une autre agence spécialisée des Nations Unies.

On retiendra donc que, sur ces bases, le droit d'asile concernerait 11,4 millions de personnes dans le monde (réfugiés ayant obtenu ce droit et demandeurs d'asile), chiffre stable depuis 1997 entre 10 et 12 millions.

D'où viennent-elles ? Les chiffres fluctuent évidemment beaucoup d'une année sur l'autre en fonction de la conjoncture des pays d'origine. En 2009, sur les 10,4 millions de réfugiés, les principaux pays d'origine sont l'Afghanistan (2 887 100), l'Irak (1 785 200), la Somalie (678 300), la République démocratique du Congo (455 900), le Myanmar (406 700).

Où vont-elles ? Les principaux pays d'accueil sont le Pakistan (1 740 700), l'Iran (1 070 500), la Syrie (1 054 500), l'Allemagne (593 800), la Jordanie (450 800). Le Royaume-Uni accueille 269 400 réfugiés, la France 196 400.

Ainsi, en matière de droit d'asile, l'idée reçue d'une invasion du Nord par le Sud est contredite par les chiffres : fin 2009, 76 % des réfugiés du monde se trouvent en Asie (37 %) et en Afrique (y compris le Moyen-Orient et l'Afrique du Nord, 39 %), seulement 16 % en Europe et 8 % en Amérique du Nord. Par ailleurs, à l'inverse d'une autre idée reçue, la France n'accueille qu'environ 1,6 % des réfugiés du monde, soit un pourcentage du même ordre de grandeur que son poids démographique relatif dans la population mondiale.

Alors que l'on ne comptait que 2,5 millions de réfugiés dans le monde au début des années 1970, leur nombre atteint 10,3 millions en 1982 pour culminer à 17,8 millions en 1992. Une succession d'événements en est la cause : le coup d'État du général Pinochet au Chili et le renforcement des dictatures d'Amérique latine, l'exode des *boat people* d'Extrême-Orient, les conflits ethniques ou religieux en Inde et au Moyen-Orient, les troubles dans la corne de l'Afrique, l'invasion de l'Afghanistan par l'Union soviétique, la révolution islamique en Iran, la chute du mur de Berlin.

En France, selon l'Office des migrations internationales (OMI), l'arrivée de travailleurs étrangers et le regroupement familial associé ont atteint un maximum de 390 000 entrées en 1970 ; celles-ci ne s'élevaient plus qu'à 192 000 en 1981 et, selon l'Office français de l'immigration et de l'intégration (OFII), 44 600 en 2009. Les flux d'entrée qui correspondent respectivement aux politiques d'immigration et d'asile ne sont pas indépendants.

II. – Les demandes d'asile devant l'Office français de protection des réfugiés et apatrides

1. Les demandes enregistrées. – L'OFPRA a enregistré, en 2009, 33 235 premières demandes et 5 568 demandes de réexamen, soit au total 38 803 demandes. Il convient d'ajouter aux premières demandes celles de 8 883 mineurs accompagnants, ce qui fait un total de primodemandeurs de 42 118 et un total de demandes (y compris les réexamens) de 47 686.

La progression des primodemandeurs (hors mineurs accompagnants) a été lente de 1981 (19 863) à 1988 (34 352). Elle est forte jusqu'en 1989 (61 422) pour décroître régulièrement ensuite (17 405 en 1996). La croissance reprend très vivement jusqu'en 2003 (52 204) pour diminuer dans les années suivantes.

Les demandes de réexamen sont en régression de 22,6 % en un an. Elles correspondent pour 76,3 % à la mise en œuvre de la procédure prioritaire qui représente 22,2 % du total des flux (premières demandes hors mineurs et demande de réexamen).

Les hommes sont 64,6 % des primodemandeurs d'asile, les femmes 35,4 % ; 49,2 % sont célibataires, 32,9 % mariés et 12 % en concubinage. Ils résident pour 17,4 % à Paris, 8,1 % en Seine-Saint-Denis, 5,1 % dans les DOM, 4,9 % dans le Rhône, 4,8 % dans le Val-de-Marne.

Les dix principaux pays d'origine (primodemandeurs hors mineurs accompagnants) sont : le Kosovo et la Serbie (3 454), le Sri Lanka (2 617), l'Arménie (2 297), la République démocratique du Congo (2 113), la Russie (1 961), la Turquie (1 826), la Chine (1 542), la Guinée (1 455), le Bangladesh (1 375), Haïti (1 234). Ils représentent 60 % du total.

2. **Les décisions rendues.** – L'OFPRA a pris 35 490 décisions en 2009 qui se répartissent ainsi : 30 283 rejets, 5 048 admissions au statut, 159 radiations. À ces décisions s'ajoutent 10 204 décisions concernant les mineurs accompagnants, soit un total de 46 194 décisions. Le délai moyen de traitement des dossiers par l'OFPRA est de 96 jours calendaires, toutes décisions confondues. Le taux d'entretien a été de 76 % des demandeurs, pour un taux de convocation de 94 % (pratiquement tous les primodemandeurs sont convoqués).

Les décisions d'admission directes de l'OFPRA (hors mineurs), soit 5 008, correspondent très majoritairement aux motifs de l'article 1 A. 2 de la convention de Genève : 3 848 (76 %) ; les accords au titre de l'unité de famille s'élèvent à 800, ceux relatifs à la protection subsidiaire à 1 141. Les autres motifs représentent des effectifs infimes : convention de New York (apatrides), 59 ; 40 transferts vers la France ; 29 sur mandat HCR.

3. **La protection assurée.** – Fin 2009, selon le rapport annuel de l'OFPRA, le nombre de personnes placées sous la protection juridique et administrative de l'OFPRA est estimé à 152 442 (dont 6 092 protections subsidiaires), hors mineurs, chiffre relativement stable depuis l'année 2000. La part de la population d'origine asiatique est estimée à 39,8 %, celle en provenance d'Europe à 29,1 %, d'Afrique à 27,8 %, du continent américain à 2,9 %, les apatrides 0,7 %.

L'OFPRA, chargé d'assurer la protection juridique et administrative des réfugiés, exerce à ce titre une fonction de consulat à leur égard. Il a ainsi délivré un total de 355 000 documents en 2009.

L'OFPRA a une activité juridique importante : il a produit 682 observations écrites ou orales en relation avec les recours exercés devant la CNDA ; il a commandé des suppléments d'instruction et exercé 22 pourvois en cassation. Il intervient par des contributions dans les actions contentieuses européennes. Il développe également une coopération diversifiée avec les services étrangers homologues et a mis sur pied un important service de documentation sur les pays d'origine, qui nécessite une mise à jour constante.

III. – Les recours devant la Cour nationale du droit d'asile

1. **Les recours enregistrés.** – Le nombre de recours devant la juridiction est stable de 1996 à 1998, au voisinage de 13 500 par an, il s'élève jusqu'à 52 166 en 2004 pour redescendre à 21 636 en 2008 et repartir en 2009

à la hausse avec 25 040 demandes. Cette évolution est, bien évidemment, liée à celle observée des demandes enregistrées par l'OFPRA et des décisions administratives prises par l'Office avec le décalage dû au recours. Le taux de recours contre les décisions de rejet du directeur de l'OFPRA devant la CNDA est supérieur à 80 %, il est donc devenu quasi systématique.

Les vingt premiers pays d'origine des demandeurs représentent plus de 85 % de la demande totale.

2. **Les décisions rendues.** – En 2009, la CNDA a rendu 20 240 décisions comprenant : 728 irrecevabilités (3,8 %), 446 désistements (2,2 %), 11 602 rejets au fond (57,3 %), 64 non-lieux (0,3 %) et 5 363 annulations des décisions du directeur général de l'OFPRA, soit 26,5 % du total des décisions de la juridiction, se répartissant en 4 042 annulations et accords de statut de réfugié soit 20 % et 1 321 soit 6,5 % au titre de la protection subsidiaire. 2 949 affaires ont été réglées par voie d'ordonnance, soit 14,6 % des décisions, dont 1 051 ordonnances classiques – irrecevabilité manifeste, non-lieux, désistements – et 1 898 ordonnances dites « nouvelles » – demandes qui ne présentent aucun élément sérieux susceptible de remettre en cause les motifs de la décision du directeur général de l'OFPRA – (respectivement 5,2 % et 9,4 %). Les annulations avec accord de statut de réfugié l'ont été presque exclusivement sur la base des dispositions de la convention de Genève. La CNDA n'a procédé qu'à 7 annulations au titre de l'asile constitutionnel. On notera que les annulations avec bénéfice de la protection subsidiaire représentent 24,6 % du total des annulations.

L'obligation d'entrée régulière sur le territoire français qui conditionnait le bénéfice de l'aide juridictionnelle a été levée à compter du 1er décembre 2008 ; il s'ensuit une augmentation du taux de constitution d'avocats dans les affaires jugées. Depuis le 1er janvier 2011, l'aide juridictionnelle doit être réclamée dans le mois suivant la notification de l'enregistrement du recours. En 2009, plus de 80 % des décisions collégiales ont été prises après qu'un avocat a été entendu. Vingt avocats assurent près de 40 % des affaires.

Le nombre d'affaires en instance devant la juridiction s'élevait, fin 2009, à 25 845, correspondant à un délai de traitement d'environ 15 mois. La grande variabilité de l'activité oblige à une adaptation permanente des moyens (effectifs, nombre de formations de jugement, de divisions, d'audiences). La CNDA a tenu 1 825 audiences publiques en 2009 dont 1 audience consacrée à 4 affaires jugées en sections réunies. Le taux de renvoi moyen des affaires audiencées (maladie du requérant, empêchement de l'avocat) s'est élevé à près de 30 %. Ces décisions ont concerné 75 nationalités.

Le pourvoi en cassation devant le Conseil d'État n'a qu'une incidence marginale. En 2009, 46 décisions ont fait l'objet d'un pourvoi, 19 émanant du directeur général de l'OFPRA. Après admission, le Conseil d'État s'est prononcé sur 30 pourvois et a annulé 19 décisions de la CNDA.

IV. – Un dispositif sélectif

Sur ces bases, en 2009, l'OFPRA, seul habilité à délivrer les premiers certificats de réfugié ou apatride, a réalisé 10 373 admissions, 5 048 directement et 5 325 après annulation par la juridiction, ce qui représente (hors mineurs accompagnants) un taux global d'admission de 29,4 % (14,3 % au titre des décisions directes de l'OFPRA et 15,1 % suite à annulation par la juridiction). La protection subsidiaire représente 2 449 des admissions, soit 23,6 % du total, en vive progression (9 % en 2007).

Les dix principaux pays dont les ressortissants se sont vus reconnaître la qualité de réfugié ou le bénéfice de la protection subsidiaire par l'OFPRA (soit directement, soit après annulation par la juridiction) sont : le Sri Lanka (1 843), la Russie (1 073), le Mali (677), la République démocratique du Congo (621), le Kosovo et la Serbie (597), la Guinée (506), l'Arménie (464), l'Irak (457), la Turquie (452), l'Azerbaïdjan (269). Ils représentent 67,1 % du total des admissions (hors mineurs).

La demande en provenance des pays d'origine sûrs s'est élevée à 1 973, en baisse de 36 % par rapport à 2008, baisse due à la régression de la demande malienne, les autres demandes croissant, notamment pour la Géorgie, la Bosnie-Herzégovine, la Mongolie et le Sénégal. Le taux d'annulation de l'OFPRA pour les pays d'origine sûrs est de 32,9 %, soit plus du double du taux d'annulation moyen de l'Office.

Après la forte décroissance des demandes d'asile en France comme dans la plupart des pays européens depuis 2003, semble donc s'amorcer un nouveau cycle de hausse, même si les évolutions selon les pays sont variables. L'OFPRA place en tête, en 2009, la France (47 686), l'Allemagne (33 033), le Royaume-Uni (29 045), la Suède (24 194), la Belgique (17 186), la Suisse (16 005), la Grèce (15 928), l'Autriche (15 826).

Les effectifs cumulés de déboutés (personnes dont la demande d'asile a été rejetée définitivement par l'OFPRA et la CNDA) s'élèvent depuis 2005 à 132 688. Il n'existe pas de statistique des demandeurs d'asile définitivement déboutés et expulsés, la catégorie n'étant pas isolée dans les données publiques de reconduite à la frontière.

Chapitre IX

L'HARMONISATION EUROPÉENNE DU DROIT D'ASILE

Le continent européen, par son histoire, l'existence d'États-nations fortement structurés, son niveau de développement et son influence intellectuelle, est regardé comme terre d'asile, bien que, comme cela a été souligné, il n'accueille aujourd'hui qu'environ un cinquième des populations réfugiées dans le monde. Les instances dont il s'est doté n'ont pas manqué d'aborder la question du droit d'asile, mais le plus souvent en se limitant à l'énoncé des principes dans leurs textes fondamentaux. Les 47 États membres du Conseil de l'Europe se réfèrent, en matière d'asile, à quelques dispositions de la convention européenne de sauvegarde des droits de l'homme et des libertés fondamentales. Les pays de l'Union européenne, au-delà des coopérations intergouvernementales progressivement développées entre États membres, se sont efforcés d'harmoniser leurs dispositifs nationaux respectifs pour ouvrir la perspective d'un régime d'asile européen commun. Ce mouvement de communautarisation européenne du droit d'asile s'est accéléré au cours des dernières années dans le sens d'une plus grande initiative de la Commission européenne, d'une codécision du Conseil et du Parlement, du contrôle juridictionnel de la Cour de justice des communautés européennes. Toutefois, les divergences des

États sont importantes et la progression du droit commun demeure lente et contradictoire.

I. – L'action du Conseil de l'Europe

L'Assemblée du Conseil de l'Europe a multiplié les recommandations tandis que son Comité des ministres adoptait maintes résolutions et se dotait d'un comité *ad hoc* d'experts, le CAHAR. Il a rappelé en plusieurs circonstances les principes de la convention de Genève, tout en s'efforçant de fonder également sa démarche sur les dispositions de la convention européenne de sauvegarde des droits de l'homme et des libertés fondamentales, bien que celle-ci ne fasse pas référence au droit d'asile. La Cour européenne des droits de l'homme a considéré que, nonobstant les décisions souveraines des États contractants, les mesures qu'ils étaient susceptibles de prendre en la matière devaient respecter les droits garantis par la convention (CEDH, 7 juill. 1989, *Soering*). Par cette décision, elle a jugé que l'article 3 de la convention non seulement interdisait aux États d'avoir recours à la torture ou à des traitements inhumains ou dégradants, mais qu'ils ne pouvaient non plus éloigner un étranger dans un pays où il risquait d'être exposé à de tels risques. Pour autant, elle n'a pas considéré que l'État d'accueil d'un demandeur d'asile se trouvant face à une telle situation était tenu de délivrer un titre de séjour à celui que pourtant il ne pouvait renvoyer. L'article 6, § 1 a également été évoqué pour affirmer que « toute personne a droit à ce que sa cause soit entendue équitablement, publiquement et dans un délai raisonnable », mais elle s'est interdit de statuer sur des matières autres que civiles et pénales, écartant ainsi les questions de l'asile (CEDH, 5 oct. 2000,

Maaouia c/ France) ; toutefois, cet article n'est pas sans influence générale quant à l'appréciation de l'impartialité des formations de jugement de la juridiction administrative (CEDH, 12 avr. 2006, *Martinie c/ France*). Les États sont également tenus de respecter l'article 8 de la convention qui établit le droit de chacun « au respect de sa vie privée et familiale », celle-ci étant retenue dans une acception large. En revanche, elle continue de reconnaître aux États le droit de contrôler l'entrée et le séjour des étrangers ainsi que de prendre des mesures d'éloignement en considération de la protection de l'ordre public ou de comportements délinquants. Elle veille en toutes circonstances au respect des garanties procédurales entourant la détention et les possibilités de recours contre les violations des droits et libertés individuels.

II. – L'engagement du transfert des compétences

1. **La coopération intergouvernementale.** – Il était inévitable que fussent prise en compte par la Communauté européenne la question du droit d'asile et la reconnaissance de la qualité des réfugiés dans la mesure où elle posait le principe de libre circulation interne non seulement des travailleurs mais aussi des citoyens, ce qui l'obligeait à préciser le sort réservé aux étrangers des pays tiers entrant sur le territoire de l'un des États membres en ce qui concerne tant leurs conditions d'entrée et de séjour que leurs droits et obligations. Le principe de libre circulation n'a pas pour autant privé les États de prendre les mesures qu'ils estimaient nécessaires en matière de droit d'asile et de contrôle de l'immigration en provenance des pays tiers. C'est donc de manière pragmatique qu'a été amorcée une politique commune de

l'asile sur le mode de la coopération intergouvernementale. Les accords de Schengen ont été conclus le 14 juin 1985 entre la France, l'Allemagne, la Belgique, les Pays-Bas et le Luxembourg, complétés par leur convention d'application du 19 juin 1990. La convention de Dublin du 15 juin 1990 entrée en vigueur en 1997, ratifiée par 15 pays, s'est proposée de déterminer l'État responsable de l'examen des demandes d'asile présentées dans l'un des États membres de l'Union européenne. Des premières résolutions, juridiquement non contraignantes mais correspondant à des engagements forts, sont successivement adoptées concernant les notions de demandes manifestement infondées et de pays d'origine et tiers sûrs, les garanties minimales de procédure, la situation des mineurs non accompagnés et l'application harmonisée de l'article 1er de la convention de Genève. Cette coopération intergouvernementale a connu ensuite un début d'institutionnalisation avec le traité de Maastricht, qui a retenu la politique d'asile, la politique d'immigration et la réglementation du franchissement des frontières parmi les questions d'intérêt commun, le traitement conjoint de ces politiques soulignant avant tout la préoccupation sécuritaire des États. On est ainsi passé d'une politique de recherche d'harmonisation à un effort progressif de communautarisation.

2. **Le traité d'Amsterdam.** – Signé le 2 octobre 1997 et entré en vigueur le 1er mai 1999, le traité d'Amsterdam franchit un pas décisif en faisant passer le droit d'asile (comme la politique des visas, la politique de l'immigration et la politique de circulation des personnes) de la coopération intergouvernementale (3e pilier du traité instituant la Communauté européenne) au domaine des questions communautaires (1er pilier). Dans un titre IV,

l'article 63 du traité instituant la Communauté européenne prévoit que le Conseil européen doit arrêter, dans les cinq ans qui suivent l'entrée en vigueur du traité d'Amsterdam :

« 1. Des mesures relatives à l'asile, conformes à la convention de Genève du 28 juillet 1951 et au Protocole du 31 janvier 1967 relatifs au statut des réfugiés ainsi qu'aux autres traités pertinents, dans les domaines suivants : *a)* critères et mécanismes de détermination de l'État membre responsable de l'examen d'une demande d'asile présentée dans l'un des États membres par un ressortissant d'un pays tiers ; *b)* normes minimales régissant l'accueil des demandeurs d'asile dans les États membres ; *c)* normes minimales concernant les conditions que doivent remplir les ressortissants des pays tiers pour pouvoir prétendre au statut de réfugié ; *d)* normes minimales concernant la procédure d'octroi ou de retrait du statut de réfugié dans les États membres.

« 2. Des mesures relatives aux réfugiés et aux personnes déplacées, dans les domaines suivants : *a)* normes minimales relatives à l'octroi d'une protection temporaire aux personnes déplacées en provenance de pays tiers qui ne peuvent rentrer dans leur pays d'origine et aux personnes qui, pour d'autres raisons, ont besoin d'une protection internationale ; *b)* tendant à assurer un équilibre entre les efforts consentis par les États membres pour accueillir des réfugiés et des personnes déplacées et supporter les conséquences de cet accueil. »

Une procédure transitoire et dérogatoire au droit communautaire est alors retenue (art. 67). Pendant une période de cinq ans après l'entrée en vigueur du traité, le Conseil statue à l'unanimité sur proposition de la Commission ou à l'initiative d'un État membre et après consultation du Parlement européen. Après cette période de cinq ans, il est prévu que le Conseil statue sur des propositions de la Commission qui examine toute demande d'un État membre visant à ce qu'elle soumette une proposition au Conseil. Il pourra aussi décider à l'unanimité, après consultation du Parlement européen, d'appliquer la procédure de codécision (pouvoir de décision partagé à égalité entre le Conseil et le Parlement) et le vote à la majorité qualifiée. Depuis mai 2004, la communautarisation du droit d'asile est considérée comme réalisée, aucun État ne pouvant seul bloquer une décision contraignante, d'origine et d'essence communautaire.

3. **Un cheminement laborieux.** – Les réunions du Conseil européen en une succession de sommets ont permis de faire progresser la mise en œuvre des mesures prévues par le traité d'Amsterdam, sans parvenir toutefois à surmonter toutes les réticences des États membres.

Le Conseil européen, qui s'est réuni à Tampere les 15 et 16 octobre 1999, a considéré qu'« à terme les règles communautaires devraient déboucher sur une procédure d'asile commune et un statut uniforme, valable dans toute l'Union ». Le « régime d'asile européen commun » devrait comporter, « à court terme, une méthode claire et opérationnelle pour déterminer l'État responsable de l'examen d'une demande d'asile, des normes communes pour une procédure d'asile équitable et efficace, des conditions communes minimales d'accueil des demandeurs d'asile, et le rapprochement des règles sur la reconnaissance et le contenu du statut de réfugié. Il devrait aussi être complété par des mesures relatives à des formes subsidiaires de protection offrant un statut approprié à toute personne nécessitant une telle protection ». Le Conseil s'est encore prononcé en faveur de l'intensification de la solidarité des États membres en matière d'asile temporaire et la constitution d'une réserve financière à cette fin, ainsi que pour l'achèvement rapide des travaux relatifs au système d'identification des demandeurs d'asile (Eurodac). Il a souligné également qu'il importait de consulter sur ces sujets le HCR et d'autres organisations internationales.

Ces recommandations et celles des sommets de Séville en 2002 et de Thessalonique en 2003 ont conduit à l'adoption d'un ensemble de textes communautaires qui constituent un ensemble non négligeable dans la perspective d'un régime d'asile européen commun. Un Fonds européen pour les réfugiés a été créé par une décision du 28 septembre 2000. La directive relative aux normes minimales pour l'octroi de la protection temporaire prévoyant la répartition de l'effort entre les États membres a été adoptée le 20 juillet 2001. Le règlement Eurodac, destiné à permettre la comparaison des empreintes digitales en vue de l'application effective de la convention de Dublin concernant la détermination de l'État responsable de l'examen de la demande d'asile, a été adopté le 11 décembre 2000 ; il est opérationnel depuis le 15 janvier 2003. Le règlement dit Dublin II, toujours sur la détermination de l'État responsable, a été adopté le 18 février 2003 et est entré en vigueur en septembre 2003 afin de pallier les dysfonctionnements enregistrés dans l'application de la convention de Dublin intégrée au traité sur l'Union européenne ; il vise notamment à accélérer la décision, optimiser la coopération entre les États membres et mieux protéger l'unité des groupes familiaux. Une directive sur l'accueil des demandeurs d'asile a été adoptée le 27 janvier 2003, traitant plus particulièrement des questions de l'accès au marché du travail, de la formation professionnelle ou du maintien de l'unité familiale, mais elle a davantage conforté les pratiques existantes qu'elle n'a progressé sur ces problèmes. Une directive sur le regroupement familial a été adoptée le 22 septembre 2003, et un accord politique s'est fait le 5 juin 2003 sur le statut des ressortissants de pays tiers résidents de longue durée. Mais le progrès le plus significatif a été réalisé par l'accord intervenu le 29 avril 2004 sur deux projets de directives du Conseil, relatives, d'une part, aux conditions permettant de prétendre au statut de réfugié et au contenu de ces statuts, et, d'autre part, aux procédures d'octroi et de retrait, respectant ainsi finalement le délai de cinq ans fixé par le traité d'Amsterdam.

Les États membres ont adopté, les 4 et 5 novembre 2004 au sommet de La Haye, un programme visant à renforcer la liberté, la sécurité et la justice dans l'Union européenne. En matière d'asile, il prévoit, à l'horizon 2010, l'instauration d'un régime d'asile européen commun avec pour objectif « la mise au point d'une procédure commune d'asile et d'un statut uniforme pour toutes les personnes bénéficiant de l'asile ou d'une protection subsidiaire ». Un bureau d'appui européen pourrait être « chargé de toutes les formes de coopération entre les États membres qui sont liés au régime d'asile européen commun ». Dans sa communication du 17 février 2006, la Commission européenne propose un programme d'action visant à renforcer la coopération opérationnelle entre les États membres, comprenant notamment l'amélioration d'une procédure unique pour l'examen des demandes d'asile, l'adoption d'une approche commune sur l'évaluation de la situation prévalant dans les pays d'origine et l'examen des modalités d'un appui logistique et financier aux pays confrontés à des pressions particulières dues notamment à leur position géographique.

La Commission a adopté, le 6 juin 2007, un Livre vert dont l'ambition est de répondre à l'objectif, fixé par le Conseil européen de décembre 2006, de « concrétiser d'ici la fin de 2010 le régime d'asile européen commun », conformément aux objectifs énoncés dans les programmes de Tampere en 1999 et de La Haye en 2004. La délégation française s'est déclarée favorable à une communautarisation du système d'octroi du statut de réfugié mettant l'accent sur : la limitation du délai d'intervention des décisions à six mois, l'harmonisation des procédures à la frontière et sur le territoire, le recours à une liste « utile » de pays d'origine sûrs (c'est-à-dire réduite aux pays dont est originaire un nombre significatif de demandeurs d'asile). Elle s'est prononcée, en revanche, contre la mise en place d'un statut uniforme qui s'appliquerait aussi bien aux réfugiés reconnus qu'aux bénéficiaires de la protection subsidiaire, l'abandon de la compétence nationale en matière d'accès au marché du travail et la réinstallation des réfugiés à l'intérieur de l'Union.

Sous la présidence française de l'Union européenne, au second semestre 2008, un Pacte européen sur l'immigration et l'asile a été présenté par le gouvernement français à ses partenaires européens et adopté au Conseil européen du 16 octobre 2008.

Enfin, le Parlement européen a adopté, le 7 mai 2009, un « paquet asile » comprenant essentiellement les textes relatifs au fonds européen pour les réfugiés 2008-2013, au renforcement du droit du demandeur d'asile à des conditions d'accueil adéquates, à l'amélioration du règlement de Dublin et du système Eurodac, à la création du Bureau européen d'appui en matière d'asile. En 2010, un accord est intervenu entre le Conseil et le Parlement sur un projet de directive relative aux résidents de longue durée dans l'Union qui leur permettrait de bénéficier d'un statut leur conférant un traitement économique et social égal à celui des citoyens de l'Union.

III. – Une communautarisation incertaine

1. **L'esquisse d'un « régime d'asile européen commun ».** – Les deux directives dites respectivement de « qualification » et de « procédures » marquent ainsi la fin de la première phase d'élaboration d'un régime d'asile européen commun. Elles supposaient l'unanimité des membres du Conseil. Désormais, comme l'a prévu le traité d'Amsterdam, les décisions seront prises selon la règle de la majorité qualifiée et de la codécision avec le Parlement européen.

La directive « qualification » (art. 63 1. *c* du traité instituant la Communauté européenne) retient un ensemble minimal de garanties pour la reconnaissance de la qualité de réfugié ou l'octroi du bénéfice de la protection subsidiaire et l'attribution des droits correspondant à ces statuts ; elle précise notamment celui de la protection subsidiaire en faveur de personnes victimes de violence généralisée ou de guerre civile ; elle se prononce sur la nature des agents de persécution incluant les auteurs non étatiques comme les milices ; elle fonde la reconnaissance de la qualité de réfugié des personnes persécutées en raison de leur orientation sexuelle ou de leur appartenance à un groupe social ; elle comporte enfin des clauses d'exclusion visant notamment les terroristes ou les personnes qui peuvent constituer une menace pour la sécurité des États membres ou qui ont commis des crimes graves.

Quant à la directive « procédure » (art. 63 1. *d*), elle assure aux demandeurs d'asile les mêmes garanties minimales en première instance, tout en demeurant assez souple dans son application pour combattre la fraude ; elle favorise l'examen rapide des demandes et assure les possibilités de recours juridictionnel ; elle garantit le droit à un entretien, l'aide juridictionnelle pour tous et le respect des principes dans l'examen de la demande ; enfin, la directive prévoit des exceptions pour les cas de demandes infondées.

Globalement, une convergence des régimes en vigueur dans les principaux États membres se trouve ainsi concrétisée. Pour autant, de nombreuses divergences subsistent, qui ont conduit, en raison de la règle de l'unanimité qui prévalait jusqu'au 1er mai 2004, à des accords au niveau minimal. Le Danemark, selon un protocole joint au traité instituant la Communauté européenne, n'est pas lié par les mesures prises en application des dispositions du Titre IV du traité. Le projet de directive « qualification » a été longtemps bloqué par l'Allemagne qui refusait d'accorder les mêmes garanties en matière d'accès à l'emploi et de protection sociale aux réfugiés au sens de la convention de Genève et aux bénéficiaires de la protection subsidiaire ; le compromis a été obtenu par réduction de l'écart entre les deux statuts. C'est la Grande-Bretagne qui a freiné l'accord sur le projet de directive « procédure » parce qu'elle ne voulait pas être liée par des règles qu'elle jugeait excessivement contraignantes ; leur caractère normatif a été réduit. Devant des positions divergentes, il a aussi été admis qu'il appartiendrait à chaque État de décider si un demandeur débouté en première instance pourrait rester sur son territoire jusqu'à la décision juridictionnelle ; c'est, en France, un principe constitutionnel.

Dans le même temps, l'espace Schengen s'est étendu pour compter 25 pays en 2008 : les pays de l'Union européenne plus l'Islande, la Norvège et la Suisse, moins le Royaume-Uni, l'Irlande, Chypre, la Roumanie et la Bulgarie.

2. **De sérieuses difficultés d'application.** – Même lorsque progresse la base commune de l'admission à l'asile et que les pays membres de l'Union européenne s'efforcent de faire converger leurs droits internes en la matière, le principe de souveraineté nationale continue de jouer un rôle déterminant dans l'évaluation des concepts et des critères précédemment examinés. Les divergences existent entre pays, mais aussi à l'intérieur de chacun d'eux entre le juge et l'autorité gouvernementale.

Ainsi en est-il de la difficulté à élaborer une liste de « pays d'origine sûrs », chaque pays inclinant à juger de la sûreté en fonction de ses propres valeurs de citoyenneté, de son histoire et de ses intérêts. La France comme le Royaume-Uni ont tendance à vouloir y inscrire certains pays de leurs anciens empires coloniaux, mais ce ne sont évidemment pas les mêmes.

Il en est de même pour les notions d'« asile interne » et d'« auteur de persécutions ». Les autorités diplomatiques ne s'engagent généralement pas sur la façon dont un gouvernement étranger contrôle plus ou moins telle ou telle partie de son territoire ; elles ne reconnaissent que les États.

Quant à la « protection subsidiaire », elle donne lieu à des interprétations fort différentes d'un pays à l'autre s'agissant d'une situation de conflit armé interne ou international, source de menace grave envers un civil, et à l'intérieur d'un même pays entre les autorités gouvernementales et les organismes chargés d'appliquer le droit d'asile.

Cette communautarisation de l'asile fait enfin l'objet de vives critiques des organisations non gouvernementales concernées, voire du HCR lui-même, qui lui reprochent d'avoir été conclue *a minima,* inspirée davantage par des préoccupations sécuritaires que par le devoir de protection des demandeurs d'asile sur lequel étaient fondés les textes nationaux et internationaux originels. Selon elles, il s'ensuivrait une double tendance apparemment contradictoire.

D'une part, un durcissement interne du droit d'asile comme en témoigne le fait que la France, par la loi du 10 décembre 2003, aurait fait preuve de zèle sécuritaire en anticipant sur des directives européennes alors non définitivement adoptées ; en notant que, selon les nouvelles dispositions, l'OFPRA « facilite » la mission de surveillance du HCR alors que dans le texte antérieur il était « soumis à sa surveillance » ; qu'il est expressément prévu que le représentant du HCR dans la formation de jugement de la CNDA doit être de nationalité française et ne peut être nommé par le HCR que sur avis conforme du vice-président du Conseil d'État ; qu'enfin, dans le nouveau cadre réglementaire, le ministère chargé de l'asile dispose d'un poids considérable (nomination du directeur général de l'OFPRA sur proposition conjointe du ministre des Affaires étrangères et du ministre chargé de l'asile, informations plus importantes requises concernant les demandeurs d'asile).

D'autre part, une tendance à la déresponsabilisation des États par l'externalisation de la politique d'asile, sa délocalisation repoussant toujours plus vers l'Europe de l'Est et le nord de l'Afrique le contrôle des flux migratoires afin de réaliser une « sanctuarisation » de l'Union européenne. Cette dérive a été illustrée également par la proposition britannique exprimée en juin 2003 au sommet de Thessalonique de constituer à l'extérieur de l'Union des camps dans lesquels seraient regroupés les demandeurs d'asile en attendant qu'il fût statué sur leur demande dans l'un des États de l'Union. L'externalisation résulterait aussi de l'introduction des notions nouvelles d'origine communautaire d'asile interne, de pays d'origine sûrs ou de pays tiers sûrs, ainsi que de l'extension de la notion d'autorité protectrice aux organisations internationales et régionales. Le programme de La Haye n'a pas envisagé expressément la création de centres d'accueil ou de camps installés dans les pays tiers (Libye, Maroc) ; il a retenu, en revanche, le concept d'« entrée protégée » élaboré par la Commission européenne préconisant le renforcement des capacités de protection des régions d'origine.

3. **Le droit d'asile dans le traité modificatif sur l'Union européenne (traité de Lisbonne).** – Le traité modificatif des traités européens et de leurs protocoles annexés a été signé à Lisbonne lors d'une conférence intergouvernementale des États membres le 13 décembre 2007. Il aboutit à un ensemble comprenant : le traité sur l'Union européenne, le traité sur le fonctionnement de l'Union européenne (dénomination se substituant à celle de traité instituant la Communauté européenne), 13 protocoles et la Charte des droits fondamentaux adoptée et proclamée solennellement par les présidents de la Commission européenne, du Parlement européen et du Conseil de l'Union européenne, sous forme d'une déclaration qui, bien que non intégrée au traité, garde une force juridique contraignante pour les 25 États

membres signataires (les pays de l'Union à l'exception du Royaume-Uni et de la Pologne).

La Charte des droits fondamentaux de l'Union européenne avait originellement été adoptée au Sommet de Nice le 27 décembre 2000. Elle dispose que « le droit d'asile est garanti dans le respect des règles de la convention de Genève du 28 juillet 1951 et du Protocole du 31 juillet 1967 relatifs au statut des réfugiés conformément au traité instituant la Communauté européenne » (art. 18), et que « les expulsions collectives sont interdites. Nul ne peut être éloigné, expulsé ou extradé vers un État où il existe un risque sérieux qu'il soit soumis à la peine de mort, à la torture ou à d'autres peines ou traitements inhumains ou dégradants » (art. 19).

Le traité sur le fonctionnement de l'Union européenne dispose, en son article 63 remanié : « 1. L'Union développe une politique commune en matière d'asile, de protection subsidiaire et de protection temporaire visant à offrir un statut approprié à tout ressortissant d'un pays tiers nécessitant une protection internationale et à assurer le respect du principe de non-refoulement. Cette politique doit être conforme à la convention de Genève du 28 juillet 1951 et au Protocole du 31 janvier 1967 relatifs au statut des réfugiés, ainsi qu'aux autres traités pertinents.

« 2. Aux fins du § 1, le Parlement européen et le Conseil, statuant conformément à la procédure législative ordinaire, adoptent les mesures relatives à un système européen commun d'asile comportant :

« *a)* un statut uniforme d'asile en faveur de ressortissants de pays tiers, valable dans toute l'Union ;
« *b)* un statut uniforme de protection subsidiaire pour les ressortissants des pays tiers qui, sans

obtenir l'asile européen, ont besoin d'une protection internationale ;

« *c)* un système commun visant, en cas d'afflux massif, une protection temporaire des personnes déplacées ;

« *d)* les procédures communes pour l'octroi et le retrait du statut uniforme d'asile ou de protection subsidiaire ;

« *e)* les critères et mécanismes de détermination de l'État membre responsable de l'examen d'une demande d'asile ou de protection subsidiaire ;

« *f)* les normes concernant les conditions d'accueil des demandeurs d'asile ou de protection subsidiaire ;

« *g)* le partenariat et la coopération avec des pays tiers pour gérer les flux de personnes demandant l'asile ou une protection subsidiaire ou temporaire.

« 3. Au cas où un ou plusieurs États membres se trouvent dans une situation d'urgence caractérisée par un afflux soudain de ressortissants de pays tiers, le Conseil, sur proposition de la Commission, peut adopter des mesures provisoires au profit du ou des États membres concernés. Il statue après consultation du Parlement européen. »

CONCLUSION

« *Hospitalité* signifie le droit qu'a un étranger arrivant sur le sol d'un autre de ne pas être traité en ennemi par ce dernier [...], le droit qui revient à tout être humain de se proposer comme membre d'une société, en vertu du droit à la commune possession de la surface de la Terre, laquelle, étant une sphère, ne permet pas aux hommes de se disperser à l'infini, mais les contraint à supporter malgré tout leur propre coexistence, personne, à l'origine, n'ayant plus qu'un autre le droit de se trouver en un endroit quelconque de la Terre. Cependant, ce droit à l'hospitalité, c'est-à-dire l'autorisation accordée aux nouveaux arrivants étrangers, ne s'étend pas au-delà des conditions de la possibilité d'*essayer* d'établir des relations avec les premiers habitants. C'est de cette manière que des continents éloignés peuvent établir entre eux des relations pacifiques, qui peuvent finir par être légalisées. » Ces lignes d'Emmanuel Kant dans *Pour la paix perpétuelle* méritent d'être rappelées dans un monde où s'exacerbent les discriminations identitaires malgré l'affirmation objective de la communauté de destin du genre humain.

Le droit d'asile ne peut ainsi être regardé comme un droit absolu qui se déduirait naturellement de la « commune possession de la surface de la Terre », mais il participe de la convergence que doivent s'efforcer d'organiser entre eux les hommes et les femmes de tous les continents dans la confrontation constructive de leurs singularités. Aucune communauté ne peut se réserver l'exclusivité d'ériger en valeurs universelles ses valeurs propres tout en se faisant un devoir de tendre à cette qualité. L'action pour la liberté de l'asile constitutionnel, la non-discrimination des critères de l'asile conventionnel, la solidarité nécessaire de l'asile temporaire, la précaution de la protection subsidiaire, les motivations humanitaires des autres types d'asile sont autant d'approches universalistes.

Cette tension vers l'universel ne saurait ignorer le développement inégal et la rigueur des frontières, mais elle ne saurait tout autant méconnaître que c'est dans le cadre de collectivités historiques que se forgent ces valeurs au fil d'une histoire. Il y aurait grand danger à les mépriser ou à les répudier car elles sont à la fois lieu de confrontation créatrice et protection de l'héritage des conflits antérieurs. L'intérêt général, le droit du sol, la laïcité, l'égalité entre hommes et femmes, l'intégrité du corps humain sont autant de valeurs à vocation universelle, fondatrices du pacte républicain en France, que rencontre le demandeur d'asile, porteur de ses propres valeurs à la fois communes et, le cas échéant, différentes. C'est ainsi, dans le même processus de différenciation-convergence, que se forgent conjointement droit de cité et droit d'asile, et que se trouvent liés fraternellement dans une recherche commune d'universalité le citoyen d'ici et le citoyen d'ailleurs.

BIBLIOGRAPHIE

OUVRAGES

Alland D., Teitgen-Colly C., *Traité du droit d'asile*, PUF, 2002.
Aubin E., *Droit des étrangers*, Lextenso Éd., 2009.
Carlier J.-Y., *Qu'est-ce qu'un réfugié ?*, Bruxelles, Bruylant, 1998.
Castagnos-Sen A., *Les Conditions d'exercice du droit d'asile*, La Documentation française, « Les études de la CNDH », 2006.
Commission des recours des réfugiés, *Le Droit des réfugiés en France* (Tables décennales de jurisprudence, étude de F. Tiberghien, avant-propos de M. Combarnous), Économica, 2000.
Grotius H., *Le Droit de la guerre et de la paix*, PUF, 1999.
Héran F., *Le Temps des immigrés*, Le Seuil, 2007.
Julien-Laferrière F., *Droit des étrangers*, PUF, 2000.
Kant E., *Pour la paix perpétuelle*, PUL, 1985.
Le Pors A., *La Citoyenneté*, PUF, 2011 (4e éd.)
– *Juge de l'asile*, préface de F. Julien-Laferrière, Michel Houdiard Éditeur, 2010.
Moderne F., *Le Droit constitutionnel d'asile dans les États de l'Union européenne*, Economica, 1997.
Montandon A. (sous la dir.), *Le Livre de l'hospitalité*, Bayard, 2004.
Noiriel G., *À quoi sert l'identité nationale ?*, Marseille, Agone, 2007.
Wihtol de Wenden C., *Faut-il ouvrir les frontières ?*, Presses de Sciences Po, 1999.

RAPPORTS

Rapports annuels de l'OFPRA.
Rapports annuels du HCR.
Rapports annuels du Conseil d'État.
Rapports annuels de la CNDA.
Guide des procédures et critères à appliquer pour déterminer le statut de réfugié, HCR, 1979.
Le guide de l'entrée et du séjour des étrangers en France, GISTI, La Découverte, 2008.
Rapports annuels du Haut Conseil à l'intégration.
Rapports annuels de l'Association nationale d'assistance à la frontière pour les étrangers (ANAFE).
Observation des audiences publiques de la Commission des recours des réfugiés, Amnesty International, 2003.
Rapports annuels de la section française d'Amnesty International.
Rapports annuels de Forum réfugiés.

PRINCIPAUX SITES

Légifrance : http://www.legifrance.gouv.fr
OFPRA : http://www.ofpra.gouv.fr
CNDA : http://www.cnda.juradm.fr
Conseil d'État : http://www.conseil-etat.fr
Conseil constitutionnel : http://www.conseil-constitutionnel.fr
Europa, le portail de l'Union européenne : http://www.europa.eu.int
HCR : http://www.unhcr.ch
Conseil européen sur les réfugiés et les exilés : http://www.ecre.org
Amnesty International : http://www.amnesty.asso.fr
Forum réfugiés : http://www.forumrefugies.org
Groupe d'information et de soutien des immigrés (GISTI) : http://www.gisti.org
ATD Quart Monde : http://www.atd-quartmonde.asso.fr
France terre d'asile : http://www.france-terre-asile.org
Cimade : http://www.cimade.org
Association Primo-Levi : http://www.primolevi.asso.fr
Service social d'aide aux émigrants : http://www.ssae.net
Centre d'information et d'études sur les migrations internationales : http://www.ciemi.org

TABLE DES MATIÈRES

Mis en pages et imprimé en France
par JOUVE
1, rue du Docteur Sauvé, 53100 Mayenne
avril 2011 - N° 656190A

JOUVE est titulaire du label imprim'vert®